班級常規經營

【常規與教學雙人行】

盧富美◆著

作者簡介

盧富美

現任：國立嘉義大學教育系兼任教授

學歷：⑴台灣省立台北女師（市北師院前身）畢業（46級）

　　　⑵國立台灣師範大學教育系畢業（53級）

　　　⑶國立台灣師範大學教育研究所結業（75級）

經歷：⑴國民小學教師三年（民46～49）

　　　⑵從嘉義師範、嘉義師專、嘉義師院與嘉義大學等校經歷
　　　教師、講師、副教授至教授等職位，迄今共計三十八年
　　　（民53～91）

著作：⑴**國民小學社會科教材教法**（台北：心理出版社，民
　　　83）

　　　⑵**比較不同科系出身之國小實習教師的通才化素養**。行政
　　　院國科會專題計畫研究成果報告（NSC 83-0111-S-023
　　　-005）

　　　⑶**結業科系不同之國小實習教師班級經營效能之比較研**

究。行政院國科會專題計畫研究成果報告（NSC 85-2511-S-023-009）

(4)**國小實習教師班級常規經營問題之研究**。行政院國科會專題計畫研究成果報告（NSC 86-2511-S-023-006）

(5)**我國現制中之國民小學實習教師任教狀況與困擾問題之研究**。行政院國科會專題計畫研究成果報告（NSC 89-2413-H-023-002-S）

(6)**班級常規經營——常規與教學雙人行**（台北：心理出版社，民91）

楊　序

（本文作者爲國立嘉義大學校長）

當前我國社會正處於高度發展與劇烈變遷的挑戰中，邁向新世紀的我國教育，尤應積極採取適當的因應措施，謀求革新教育，期能適應未來新世紀的需要，進而追求美好的社會。其實，教育革新工作必須是整體的、持續的、均衡的進行，提供全體國民繼續接受教育與學習的機會，充實知能、陶冶品德，使其成爲健全有用的國家建設人才。雖然教育革新的效果，無法立竿見影，但其影響卻是綿長深遠，值得我們全力以赴。

眾所周知，國民教育爲各級各類教育的基礎，也是建設現代化國家和復興民族文化之所繫，其辦理之良窳對個人或社會均具有深遠的影響。因此，我們要能培養新世代德、智、體、群、美五育均衡發展的健全國民，開拓社會旺盛的活力。在國民教育的改革重點，特別強調要落實教學正常化，均衡城鄉教育發展，以達成教育機會均等的理想。尤其要落實正常化教學，重視學生能力、性向、興趣及需要等個別差異，裨益實施「因材施教」的正常教學。

爲發展適性適才的教育，兼顧有教無類和因材施教的理想，

國民教育改革的重點，除降低每班學生人數外，首要改善班級經營的模式，增進學生學習的興趣，以提升其學習效果。事實上，中外教育學者研究已證實學生學習效果的好壞，常取決於教師「班級常規經營」之良窳而定。因此，教師的班級常規經營與學生的學習效果關係至爲密切。換言之，教師欲進行有效的教學，則須事先做好班級的「常規經營」，孕育良好的師生互動之學習環境，期能有益提升教學品質。

　　本校教育學院教育系之盧富美教授，學驗豐富、教學認眞、方法創新，深受學生喜愛、同仁肯定。近年來，盧教授將其講授「班級經營」這門課程多年的教學經驗，以及由行政院國家科學委員會資助進行「班級常規經營問題」的專題研究心得，再加上其深邃智慧的結晶而編撰成書。本書內容包括班級常規的經營理念、構成要素、經營模式、經營程序、實務調查，及高效能教師常規經營的發展趨向等六大章。盧教授希望透過本書讓國內的中、小學教師皆能突破觀念、超越目標、創新做法，成爲眞正高效能的班級常規經營者，來帶動我國國民教育的新氣象與新希望，期能培育新世紀的新國民，以厚植國家競爭力。綜覽全書，取材豐富、立論精闢、觀點新穎、視野宏觀，不僅可以作爲師資培育的重要參考教科書，也可作爲在職教師的進修教材。爰誌數語，以爲推介。

楊國賜 敍於

國立嘉義大學蘭潭校區校長室

2002 年 7 月

自　序

　　近年來，國內社會日趨開放，價值體系更趨多元，雙薪家庭的數量與破碎家庭所造成之單親兒童與日俱增，使得許多教師在學生人數眾多且問題層出不窮的班級教學中，經常受困於班級常規問題，精神與體力之負荷頗重，而漸有「教師難為」的工作壓力。從過去許多研究已指出，班級常規的問題不僅是實習教師的一大難題，也是許多資深教師常感困惑而較難勝任的一項工作；再者，從師範校院畢業到中小學實習一年的實習教師，多年來對教育專業課程所提出的許多興革意見，促使「班級常規的問題」更加受到各界重視。是故，自八十學年度開始，各師範校院與各大學教育學程均開設「班級經營」一門課程供學生選修，後來有感於凡是教師均有修習該課程的迫切性需要，乃將之改為必修科目迄今。

　　一般而言，在整個「班級經營」的內涵中，「教學經營」層面的工作較為單純，教師大都能駕輕就熟，游刃有餘；可是，在「常規經營」層面，往往讓教師費神又費力，甚至還會束手無策。從美國自一九七○年起，每年舉行的蓋洛普公立學校教育民意測驗（Gallup Poll of the Public's Attitudes Toward the Public Schools）的結果就顯示出，班級經營中的「常規問題」是大眾認爲學校所面臨的最大問題之一（Jones, 1986）；又根據有關的研究均顯示，影響學生學習效果的因素很多，可是沒有哪一個因素能夠比得上教師在「常規經營」上的績效來得重要；換言之，研究已證實學生學習效果的大小，主要視「常規經營」之良好與否而定。可見，班級的常規經營與學生的學習效果之關係極爲密切，教師若期望教學成功，則需先從班級的「常規經營」層面著手。教師之此種「善於常規經營能力」，往往是美國中小學在選擇教師時所考慮的重要指標（Doyle, 1986）。

　　基於上述「善於常規經營能力」早爲美國中小學在選擇教師時，所考慮的一項重要指標，乃激起筆者有心將多年來在學校（嘉義師院與嘉義大學）講授班級經營這門課的「經驗」，與由行政院國科會資助有關班級常規經營問題的專題研究「心得」，彙編而成本書──「班級常規經營」；希望本書能爲老師們帶來一些新的啓示與靈感，能在常規經營中，突破觀念、超越目標，與創新做法，亦即讓老師們得以順利地突破常規經營的困境，而成功地實現自我──「追求進步」與「專業成長」。在常規與教學二者相扶持之下，必然有助於老師們教學品質的提升。身爲教師，若能如此，夫復何求？

　　本書共分六章。第一章爲班級常規的經營理念，介紹班級常規的定義、重要性、經營意義、經營目的、經營內涵，與經營性質；第二章爲班級常規的構成要素，從學校文化的角度，分析影

響與形成班級常規的主要因素；第三章為班級常規的經營模式，探討各種常規經營模式的基本理念、實施步驟或方法，及實施利弊；第四章為班級常規的經營程序，探討有效能的常規經營者，在常規經營上必然所需的一些經營步驟、原則、技巧、方法，與規準等；第五章為常規經營的實務調查，係針對筆者（盧富美，民87）所作「國小實習教師班級常規經營問題的調查研究」，將所發現的經營情況、心得或感想、建議等，提出來供教師們參考與改進；第六章為高效能教師之常規經營的發展趨向，係從晚近的一些學者觀點與研究發現，而擬定出「高效能教師之常規經營的發展趨向」給教師們共同分享，期盼教師均能知行合一地朝此方向經營班級常規，以達見賢思齊之效，而順利、成功地成為一位高效能教師，進而有益於我國中小學教學品質的提升。

　　本書的完成，首要感謝的是校長楊國賜博士對全校教師們在教學、研究、與出版書籍等方面的期許與鼓勵。通常，被鼓勵者，均寧願辛苦一下自己而做出驚人的努力，為的是不讓鼓勵者失望；筆者也不例外。在校長這麼用心的期勉之下，筆者邊警惕自己而遠離惰性，邊急起直追地進行有關資料的蒐集、整理、統整、分析、與撰寫等工作。其間，又有系主任周立勳博士以及教育系諸多教授們的指示與催促，使筆者不得不快馬加鞭，終於在馬年（即 2002 年），真的「馬到成功」地完成了本書，至為感念；再者，系裡助教蕭蘭婷小姐的熱心協助與心理出版社的慨允出版，在此深致謝忱。最後，由於能榮獲楊校長國賜對本書的出

版，既期勉在先，接著又積極地給予回饋——撥冗作序導覽，校長之此種「高倡導高關懷」的領導風範，讓筆者刻骨銘心，此後，理當再接再厲。

至於本書之內容，難免有疏誤之處，尚祈各界先進不吝指正。

盧富美　謹識

於國立嘉義大學民雄校區研究室

2002 年 9 月

目　錄

第一章

班級常規的經營理念

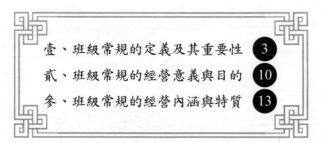

班級的「常規經營」係教師在整個班級經營中的五個經營層面之一。由於此層面的經營工作較為瑣碎與繁雜，往往讓教師費神又費力，而有「教師難為」的感受；再加上此一「常規經營能力」，早已是美國中小學校在選擇教師時所考慮的一項重要指標（Doyle, 1986）；因此，有效的班級常規經營問題，已成為教育界各層面均相當重視的課題，更是學校教師，尤其是沒有經驗的初任教師，首要具備的基本能力。為了建立正確的常規經營理念，有關班級常規的定義、重要性、經營意義與目的、經營內涵與性質等，有必要先界定釐清。

壹、班級常規的定義及其重要性

一、班級常規的定義

班級常規（Classroom discipline）通常可簡稱為班規，顧名思義，它就是學生在班級中應行遵循的一些規範。中外學者有各種不同的定義，茲舉若干說法，以供參考。

德瑞克斯（Dreikurs, 1972）認為「班級常規」是為學生設定

限制，直到學生能自己設定限制為止（引自金樹人，民 85：135）。

　　吳鼎（民 63：412）則將「班級常規」定義為：是學生在教室內日常生活的一種規律。

　　方炳林（民 65：306）係持整體的角度，視「班級常規」是師生共同合適地處理教室中之人、事、物等因素，使教室成為最適合學習的環境，以易於達成教學目的的一套有系統或不成系統的規則。

　　依磨突森（Evertson et.al. 1984）等人認為「班級常規」是指教室行為的一般標準或期望（general standard or expectation for classroom behavior）（引自林進財，民 87：61）。

　　林進財（民 87：61）則以不同的角度界定「班級常規」是班級中的社會規範，是為班上學生的行為規範設定限制，用以引導學生能自動自發地限制並約束自己的行為，以符合教師的期望；它也是學生在班級生活中的規律行為，為教師期望學生均能知曉且遵守的規定。

　　格來塞（Glasser, 1985：56）也認為「班級常規」是為要達成班級活動目標而設立的。教師們不能依賴班級常規來命令學生做與不做什麼事（引自金樹人，民 85：238）。

　　肯急落西（Cangelosi, 1988）以明確的語義界定「班級常規」是指教師認可與禁止的行為（引自林進財，民 87：61）。

　　蔡培村（民 79：30）則先消極、再積極地將「教室常規」定

義為：用以約束、控制有礙教學的不良行為，並引導學生表現合宜的行為。

　　朱文雄（民82：60）係以積極的態度，認為「班級常規」就是學生在教室內日常生活中，應該知道且確須遵守的一種規律。

　　施慧敏（民83：18）則有系統地界定「班級常規」是指班級中的團體生活規範，係由教師或師生共同訂定，為學生在學校日常生活中行為的標準。

　　單文經（民85：212）更精闢地認為，「班級常規」簡稱班規，是指班級中之學生參與各項活動時，有關言行舉止應行遵守的規範；換言之，班級常規是學生班級生活的一項穩定劑。

　　金樹人（民85：引言7）亦精確地指出「班級常規」是指教師在教室中用以維持學生合宜行為的措施。

　　從上述國內外學者的不同定義，發現同樣是班級常規，對某些人來說，可能是拿著教鞭，發號施令地叫學生要遵守規範，係為「消極性責備」；對某些人來說，卻是引導並說服學生表現合宜的行為，並尊重學生，讓學生能自我約束，係為「積極性鼓勵」。由上述的不同定義，使班級常規有時是指良好的態度，有時是指絕對的安靜，有時是指有一點吵鬧地進行有目的的學習活動。雖然定義似乎不盡相同，但彼此之間的基本內涵和實際運作精神，均大致相若並無很大的差別；且各種不同的定義在一套良好的班級常規之下，發現都具有以下三個共同要素：即學生均能

⑴專心於課堂活動；⑵為自己的行為負責；⑶表現良好的人際關係（金樹人，民85：引言8）。

對「班級常規」一詞，除了了解上述各種不同的定義及彼此所具有的共同要素之外，尚有必要進一步澄清下列五個重要的觀念（張笑虹，民84：147-148）：

第一個觀念：班級常規不僅是處理偏差或違規行為而已

班級常規的經營內容很廣泛，不管是哪一種經營項目，其所涵蓋的不僅僅是屬於消極的處理或責備學生的違規行為而已，更加強調的是對於學生的好行為，應立即給予積極的鼓勵，以激發學生的學習動力與團體的警覺力於學習中，因而提高了見賢思齊之效。

第二個觀念：班級常規的制定應取得師生的共識

班級常規的制定應由師生共同完成。讓學生有學習的參與感與使命感，再加上在教師不專制與權威（Borich, 1988）的執行之下，學生必能持之以恆地遵循，而很快地養成良好的學習習慣。

第三個觀念：班級常規的執行不完全限定於教室之內

由於有學生之學習活動的地方，如：教室內、外與學校內、外等處，就有班級常規的執行需要；因此，凡是班級學生活動的

場所，均含有班級常規的執行必要，它不完全限定於特定的教室之內。

第四個觀念：班級常規是一種典型的潛在課程

班級常規雖不是學生直接學習的教材內容，但卻直接影響著每一節課的進行，更間接影響學生的學習效果。換言之，班級常規是一種典型的潛在課程，其所發揮之境教功能，往往大於學校正式課程所預期的效果。因此，教師應以慎重的態度重視班級常規，更要以有效的方法與程序來面對或處理班級常規問題。

第五個觀念：班級常規可經由情意、認知與技能等過程來教導與培養

班級常規的教導與培養，和其他一般課程的教學一樣，要應用「同時學習原則」，即讓學生在情意（對班級常規的學習感興趣）、認知（了解班級常規的內涵，即知法）、與技能（表現出具體、穩定的行為與習慣，即守法）等三大學習領域能同時有所收穫。能如此，學生很快地就上了軌道並養成良好的生活習慣。

從上述班級常規務必澄清的五個重要觀念可知：⑴其「經營內容」極為廣泛；⑵班級常規之「經營人員」是共同合作經營的師生；⑶其「經營場地」遍及學生所活動之處；⑷其「經營課程」為一種典型的潛在課程，此課程雖是非預期的或非計畫的，

但它所發揮的境教功能，有時往往大於正式課程所預期之效果。因此，教師的身教（潛在課程）重於言教（正式課程），教師要特別謹言慎行，提供學生一個良好身教的機會，以達見賢思齊之效；(5)其「經營過程」要運用「同時學習」原則，即兼顧認知、情意、技能三大學習領域而不有所偏廢。

總而言之，「班級常規」是指經由師生合作而共同擬定出來的一套讓學生能快樂學習、教師能安心教學的班級規範。

二、班級常規的重要性

通常，教師在教室中的主要任務為「教學」的工作，即教導學生能在預定時間內，順利地學到該學的東西。為了達成這個任務，有些老師幾乎天天忙得團團轉，往往在一開學就馬上進行教學，對於校方給老師們「在教學之前要先建立良好的班級常規」的通知，其內心直接的反應是「光是教學，時間都不夠了，幹嘛還要經營什麼班級常規，簡直是在畫蛇添足，自找麻煩的多此一舉」。換言之，常規經營對於那些並不重視而有抗拒心態的老師來說，似乎是一項額外的工作負擔。因此，學校在要老師們加強班級常規的經營之前，最好先讓他們了解班級常規的重要性。至於班級常規有何重要性？我們可從下面有關「班級常規與學習效果之關係」的研究發現中，看出一些端倪來。

根據有關的研究發現，教師投入教學的時間愈多，學生的學

習效果就愈高；若班級常規不佳，教師上課要花不少時間處理秩序或偶發事項，而無法有效地使用教學時間，相對地也減少學生的學習機會，此對學生的學習效果當然會有負面的影響。因此，班級常規與教學效果的關係極為密切，且二者具有相輔相成的作用，有效的班級常規經營是決定成功教學的一個重要因素（Anderson, Evertson, & Brophy, 1979; Brophy, 1988；盧台華，民 74；李聲吼，民 77；李德高，民 77；魏麗敏，民 79；張秀敏，民 80；施慧敏，民 83）。

另從其他相關的研究也顯示，影響學生學習效果的因素很多，可是沒有哪一個因素能夠比得上「班級常規」來得重要。從研究中已證實學生學習效果的大小，主要取決於「班級常規」之良好與否而定（Brophy, & Evertson, 1976; Emmer, Evertson, and Anderson, 1980; Mandlebaum et al., 1983; Barrett & Curtis, 1986; Emmer, 1987; Canter, 1988）。從上述之研究發現中，很清楚地說明了「班級常規優良的班級，學生學業成績相對地比較高；同樣的，學生學業成績良好的班級，其班級常規也必定較為優良。」因此，班級常規良好與否乃是使教學能否順利進行的必備條件（Doyle, 1986; Leinhardt, Weidmand, & Hammon, 1987），也是有效教學的基本要素，係足以影響教學成功的關鍵所在。

由上述一些研究即可證明班級常規的重要性。身為教師者，預期教學能順利、成功，則無庸置疑的，必須先從班級的「常規經營」層面著手。

貳、班級常規的經營意義與目的

一、班級常規的經營意義

「班級常規經營」一詞，有些學者係以「班級常規輔導」或「班級常規管理」稱之。到底它指的是什麼，茲將有關學者的說法列舉如下：

李錫津（民 79：323）認為「班級常規輔導」就是輔導學生認識與了解班級常規，並切實遵守之，進而將認知的常規內化成持久的態度，並表現在行為和習慣上的歷程。

朱品瑛（民 83：246）直截了當地說出所謂「班級的常規管理」就是運用各種方法，讓老師在教室裡能很順利地教學與維持班上的秩序，使班上的氣氛和諧。

施慧敏（民 83：25）指出「班級常規管理」是班級管理的工作項目之一。是指班級中，以教師為領導者，運用合宜的管理方法和策略，指導學生訂定、認識並遵守日常生活規範，以培養學生健全人格，促其社會化，並達成最大教學效果的歷程。

張笑虹（民 84：146）很詳盡地界定「班級常規輔導」是級任老師使用輔導的方法與技巧，來建立良好的班級常規。它是以一種人性化的態度來了解學生；以多元化、生活化的方式來設計班級常規；以自主化的方式來引導學生遵守班級常規；以落實化、趣味化的做法來實施班級常規，使班級常規朝著師生期望的方向運作。

　　參酌與歸納上述各家說法，筆者將「班級常規經營」一詞下個定義爲：「班級常規經營是指師生雙方對於班級常規先共同參與並制定，接著由教師悉心教導、徹底執行，與審愼評鑑，使師生直往提升學習效果與教學品質的方向邁進的歷程」。

　　綜合而言，班級常規經營是一個錯綜複雜的歷程，且爲一門高度的藝術，其與教學二者密不可分；教師欲求進行有效率的教學，則良好的班級常規經營係其先備的條件。

二、班級常規的經營目的

　　從「班級常規」是指「教師在教學中用以維護學生合宜行爲的措施」（金樹人，民 85：引言 7）之定義中，可知班級常規是爲了維持良好的班級秩序，亦即提供學生良好有效的學習環境。不過，維持秩序本身只是一種手段，並非班級常規經營的終極目的（吳清基，民 79：197；金樹人，民 85：11）。教師若有一套

良好的班級常規，讓學生能在非常專心、有責任感，與表現良好的人際關係之下進行學習，往往可收到下列的學習效果（金樹人，民85：引言11-14）：

㈠滿足心理需求

班級常規往往可滿足學生「知道了不能逾越的界限」之心理需求。

㈡表現民主精神

在團體規範之下，使學生學習到機會平等、意見交流、經驗分享、彼此尊重等民主性格，讓學生表現得更卓越、更民主。

㈢增進社會化

建立一套良好的班級常規讓學生有所遵循，往往可建立學生自律的能力，並增進良好人際關係的重要技巧。

㈣提升學習的樂趣

班級常規在教師徹底執行與學生認真遵循之下，往往可帶給學生愉快的感覺；亦即讓學生能真正擁有且享有學習的好處和快樂。

㈤促進學習

在安靜不被干擾的情境下進行學習，可使學生提高學習能力及其成效。

經由學習所得到的上述五項學習效果，眞可說是班級常規經營的眞正目的或終極目標。在興利重於防弊之下，讓學生先有良好的班級秩序，再經由教師有利的教學輔導，必然使學生獲得較佳的學習效果，此才是經營班級常規積極的、眞正的目的（吳清基，民79：197）。

參、班級常規的經營內涵與性質

一、班級常規的經營內涵

到底班級常規要經營些什麼內容，才能順利地達到前述的經營目的？由於國內外之國情文化的不同，故無法一概而論。爲符合我國之國情文化，有關班級常規的經營內容，因其範圍既廣泛又瑣碎，很難列舉詳盡，故僅以國內學者所列舉的經營項目或分類方式引述如下：

李錫津（民 79：326-338）認為常規經營的主要內容，若依適用常規的活動性質而言，有點名、出入教室、上課、收發課卷、與值日生工作等項；若依適用常規的項目性質而言，有禮貌、秩序、整潔、與勤學等方面；若依適用常規的場所性質而言，有教室規約、上下學規約、集會規約、運動場所規約、其他校內規約、家庭生活規約、與校外生活規約等項；若依適用常規之生活教育項目而言，有日常、健康、道德、學習、公民、勞動、與休閒等七項生活常規。

朱文雄（民 82：66-69）提出常規經營的主要項目有教室規約、上下學規約、集會公約、運動場所公約、其他校內規約、家庭生活規約、與校外生活規約等七項。

教育部、廳、局協同編訂之「國民小學訓導工作手冊」（民75：52-55），係針對小學班級常規的內容而有明確的規定與要求，其所包括的主要項目和前述學者朱文雄的看法一樣有七項。

施慧敏（民83：21）則認為常規經營可分為禮儀、秩序、整潔、勤學、服務、與人際等六項。

由上述學者所列舉的常規經營內容可知，各學者所強調的重點不同，著眼點也不盡然一致；不過從中不難看出常規經營所應努力的方向。若著眼於附帶養成學生的時間觀念，則班級常規經營的內容可分類成下列八項：

1. 上下學時規約	5. 午餐時規約
2. 上課時規約	6. 午睡時規約
3. 下課時規約	7. 校內、外其他活動時規約
4. 集會時規約	8. 放學在家時規約

　　上述所列舉的八個常規經營項目，係依適用常規之「時間性質」的分類方式，讓學生以學校作息時間爲背景，訂定出什麼時間該怎麼表現比較有利於學習的一些規範，學生往往印象較爲深刻，且較能因知法而守法，使班級「常規」與課程「教學」二者確實發揮相輔相成的作用，而順利、成功地達到班級常規的經營目的。

二、班級常規的經營性質

　　班級常規之內容既廣泛又瑣碎，其經營措施勢必繁多。若依班級常規之特性而劃分，則可分爲下列三種有效的經營措施（Froyen, 1988：17-20；金樹人，民85：22、305-308）：

(一)預防性（preventive）措施

　　預防性的經營措施，係屬於學生尙未發生違規行爲前的一些防範於未然的準備工作。例如：教師設計多樣化且有趣的教學活動、利用下課時間調整課桌椅與發放學生作業等等，均爲預測學

生可能發生的行為問題，而採取的因應對策，以預防違規行為的發生。通常，一分的預防往往可以抵過十分的補救，亦即事先的預防勝於事後的治療。

㈡支持性（supportive）措施

支持性（或引導性或制止性）的經營措施係屬於學生可能要發生但尚未發生違規行為時的一些暗示或提醒工作。例如：教師邊發問邊利用肢體語言（以手指抿嘴的方式）來暗示或提醒學生「發言前應先舉手」的規定，以及時引導學生消弭其不良行為。

㈢改正性（corrective）措施

改正性（或糾正性）的經營措施係屬於學生果真出現不良行為時的一些糾正工作。例如：對於不舉手就發出聲音的學生，教師即提出「剛剛有發出聲音的，老師不請他回答了」的懲罰性措施，以協助學生及時改正不當的行為，逐漸地建立良好的行為。

上述三種班級常規的經營措施，其名稱雖有異，不過教師要建立良好的班級常規系統時，此三者係常規經營環環相扣的三個環結，亦即三者缺一不可。因此，教師必須把此三種常規經營的有效措施，依其特性而組合成一套能滿足學生需求的常規系統，讓學生能在一個溫暖、被關照、與不受干擾的情境中進行學習。

第二章

班級常規的構成要素

學校是一種教育社區的文化中心，故宜形成有利的學校文化，始有助於學校教育目標的達成。而班級是學校的基本單位，也就是學校的次級團體，當然亦有班級學生之同儕團體的規範、習慣、傳統、儀式，及結構等次級文化的存在，且常和成人的主流文化（即學校文化）不同。所以，學校或教師有必要設法安排適當且合宜的學習環境——含班級常規，讓學生身歷其境地獲得智慧與成長。

　　班級常規既屬於學校文化中極其明顯而有教育價值的次級文化，其之成形確定，理所當然地會受到一些相關因素的影響。至於有哪些因素會影響班級常規，一般言之，影響力較為顯著的約有下列幾個項目：教師的情緒商數（EQ）、班級氣氛、合作學習、法令規章、學習需要、學生的期望、學校特色、社區規範，及家長的支持與協助等，這些項目就是構成班級常規的主要因素。身為級任教師，當進行班級常規之制定時，若能掌握且費心設計好這些要素，往往較能輔導學生訂出不但有利於學習，且更深具積極功能的班級常規來。到底教師要怎樣掌握與設計好班級常規的影響要素？茲就這些要素逐項說明如后。

壹、依據法令規章

　　班級常規係屬班級文化，班級文化又為學校文化的支脈，故班級常規的訂定，理應以政府所頒布的各級學校教育法令、課程標準、成績考查辦法、學生獎懲辦法等法令規章，以及學校自行訂定的校規為依據，教師務必把有關的規則和程序均融入於自己的班級常規之中。

貳、配合學校特色

　　學校特色是學校文化的一部分，它是一個學校在發展到相當程度以後，特別為學校相關人員所著重而發展成為有別於其他學校的部分。譬如：有以德育為特色，學生負責任且有溝通、協調能力者；有以智育為特色，學生有求知、批判與思考能力者；有以體育中之某一項運動為特色者；有以美育中之綠化或美化校園為特色者；有以群育為特色，學生特別具有合作學習能力者。每一所學校所具有的特色，必然形成該校所特有的文化，而直、間

接地影響到班級常規的形成。因此，在訂定班級常規時，配合學校的特色係教師必須詳加考慮與掌握的因素；例如：以綠化、美化校園爲特色的學校，在班級常規中，特別強調或重視花木的愛護與管理工作（吳清山等，民 82：341）。

　　班級常規在與學校特色彼此相互輝映之下，二者更趨於一致，並相得益彰。

參、參照社區規範

　　所謂社區規範係指班上學生所來自社區的一些價值理念與生活規範。通常一般學校係因社區而設立，自然地使學校成爲社區的文化中心或精神堡壘；社區亦因學校的設立與發展而更加繁榮。可見學校與社區二者間之關係頗爲密切。再則，到學校上學的學生，往往將其社區的價值理念與生活規範帶進了學校，放學時同樣地亦把學校的一些規範帶回了家庭或社區。由此顯示，學校與社區彼此之間，往往會產生相互的作用。

　　在學校與社區二者關係密切且具有相互作用之下，對於班級常規的訂定與執行，級任教師不能不考慮學生所來自的社區既存的生活規範。讓社區生活規範之合宜者（如路上逢人能道早問好），能列入班級常規中予以增強；對於一些不合宜者（如不睡

午覺或慣以三字經爲口頭禪），則設法在班級常規中給予調整或消弱（吳清山，民 82：341-342）。

　　總而言之，社區規範確是構成班級常規的一個要素，教師務必參照之，期能訂出更爲合適的班級常規來。

肆、合乎學習需要

　　大多數學生都喜歡學習，且幾乎都希望在整個學習中有公平又合理的規定與確實的實施。基於上述學生的學習需要，更爲了正向的社會發展與學習成效的提高，學生在學習上的確不能沒有常規（金樹人，民 85：304）。因此，學生的「學習需要」係形成班級常規的一個要素，在訂定班級常規時，一定要與學生的學習需要密切配合，才能引起學生參與擬訂且確實遵守的樂趣。如果常規陳義太高、或脫離現實意義、或與學生之學習脫節，則不能感動他們的心坎，而無法引起感情的共鳴。由此可見，班級常規不僅要賦予現代意義，且更需要適合學生的學習脈絡。

伍、營造溫馨和諧的班級氣氛

　　班級氣氛是由班級師生或學生彼此之間的交互作用，所產生的一種獨特的氣氛；此種獨特的氣氛往往影響班級中每一個學生的態度、價值觀、期望、與行為模式。可見要創造溫馨和諧的班級氣氛，乃是師生共同的職責。不過，級任教師是班級團體的主導者，是改善教學情境的重要人物，因而良好班級氣氛的建立責任，主要係落在級任教師的雙肩上。換言之，教師經營一個班級，應先設法激發班級和諧又溫馨的氣氛，讓每個學生能認同班級，將班級之表現好壞視為自己的責任，使學生彼此形成生命共同體，而營造出良好的班級氣氛來；不但有利於合適班級常規的訂定，且更有助於教學效果的落實（吳清山等，民 82：342；林進財，民 87：10）。

陸、持續保持高度的 EQ

　　情緒商數（EQ）所涵蓋的主要內容，即傳統在道德教育中

所出現的字眼「人格特質」，此「人格特質」係道德行爲的骨血；若說人格發展是奠定民主社會的基石，那麼 EQ 必可發揮鞏固基石的作用。故具有高度的 EQ，亦即擁有崇高的人格，乃是民主的眞諦。

處於今日之民主社會，實施民主教育者——教師，係影響學生人格發展的重要他人或顯著他人（the significant others），要如何營造一個溫馨、安全又舒適的學習情境，乃是教師責無旁貸的。尤其是教師本身在教學上的言行舉止及處事待人的態度，在在影響學生的信任感，其影響之深無遠弗屆。是以教師有必要以身作則，對情緒要做最合宜的處理，期能在身教上樹立一個好典範，於無形中自然地感染學生，讓學生也能以平和、合理的情緒面對班級常規的訂定問題，終能順利地訂出合適的班級常規來。

總而言之，教師的身教比言教來得重要。這裡所謂的身教就是要持續地保持高度的EQ，教師所保持的高度EQ即是學校教育的「活教材」，此對學生深具感染性與示範作用；教師在學生面前所立下的好榜樣，學生往往很快就見賢思齊地增強了 EQ 程度，師生如此正面的互動，係邁向班級常規之經營既順利且成功的不二法門（引自盧富美，民 86a：29）。因此，教師的EQ確係影響班級常規之構成的一個要素，對於班級常規有困擾的教師，先別擔心自己的 IQ 有問題，而是應該關心自己的 EQ 程度如何；因爲要化解班級常規難以經營的困境，教師本身即要先具備高度的 EQ。

柒、運用合作學習法

　　合作學習係一種有系統、有結構的教學策略，教師將不同能力、經驗、性別、階級等背景的學生組合在一起，進行彼此溝通、互動的合作學習，以提高個人的學習效果，並達成團體的共同目標。

　　回顧以往傳統的教學，往往使學生較偏於個別取向的學習，而教師亦一直以個別學生為單位來進行評量，其結果不僅易形成學生同儕之間敵對的立場，且彼此關係亦較為疏離。學生對於這種不易取得同儕的接納與他人引導的個別取向學習，往往逐漸地不感興趣且不積極主動地參與學習活動，結果降低了學習成效，甚至於影響其人格形成偏頗的發展。因此，今日之教師運用合作學習教學法係勢在必行，因為輔導學生「如何與人合作學習」，比「自己孤軍奮鬥」來得重要，尤其在「班級常規」方面，合作學習更是影響其構成的一個要素。教師若能善加運用與適時輔導合作學習的技巧，讓學生不僅能與人合作、分享彼此的經驗，且潛移默化地培養出更多的合作行為，能有助於健全人格的發展，更可從合作行為中，很自然地帶動、提出與表現良好的班級常規（引自盧富美，民 86b：20-21）。

捌、引導與肯定「學生的期望」

所謂「學生的期望」是指學生內心的希望或等待，它也是屬於學生的學習需要。由於學生係尚在發展中的不成熟的個體，其所表達的意見或期望，未必設想周全與合理，因此教師在考慮學生的學習需要而訂定班級常規時，尚需要進一步引導學生把原先不太適切與合理的期望，透過師生意見的溝通與經驗的分享中，讓彼此能取得共識；且對學生忽略而沒想出來或提出來的規則，教師必須另行營造一個有利的情境，誘導學生親自說出來且得到肯定。總而言之，學生的期望確為構成班級常規的另一個重要因素（吳清山等，民 82：345），教師務必詳加引導，並適切地給予肯定。

玖、取得家長的支持與協助

在孩子成長的過程中，影響其成長的重要他人，除了學校中的老師之外，尚包括家庭中的父母。但處在今日，任何人從事任

何行業，幾乎均需「執照」，唯獨「當父母」這項工作，直到現在尚例外地不需要執照，即「父母」似乎被認定為天生就能勝任的角色。然而事實上並非如此。有許多父母在教養孩子上往往心有餘而力不足；再加上在高度工業化的今天，由於家庭結構的改變，單親、雙薪的小家庭日增，父母長時間在外工作而沒有太多時間來維繫良好的親子關係。由此顯示，父母或因能力不足或因忙於工作而沒有時間適當地教養孩子，使之無法勝任、愉快地扮演父母的角色，譬如有不少父母只知道提供孩子充分的物質享受，卻不知如何幫助孩子成長。由於家長的疏於管教或管教觀念偏差，極易造就出凡事依賴別人而難於獨立自主的溫室花朵，常常帶給教師在班級常規經營上的困擾。因此，有關師生所訂出來的班級常規內容，尚需複印一份傳給每位家長，以尋求家長的意見——是贊成或反對或給予補充，使班級常規能取得家長的共識。在家長的支持、合作之下，對班級常規的執行將可增添不少的助力，而有利於提升班級常規的經營成效。

第三章

班級常規的經營模式

從前述有關「班級常規的經營意義」中可知，班級常規經營是一門高度的藝術，其經營歷程錯綜複雜，與教學之關係密不可分，且二者具有相輔相成的作用。教師預期進行有效的教學，則良好的班級常規經營係其先備的條件。因此，教師必須了解班級常規的一些經營模式，再經由妥善地組合與運用，才能期待學生內化成「自我紀律」，不僅能表現在課堂上而獲得較佳的學習效果，並能應用到日常生活中而成為一位知法、守法的健全國民。

　　學者們根據心理學理論與研究結果，構創出班級常規經營的一些模式，通用於當今美國學校中。其中採「干涉」的論點，主張以教師的權力管制為主者，有「果斷訓練模式」和「行為塑造模式」；採「非干涉」的論點，強調學生自行改變行為之能力者，有「教師效能訓練模式」和「和諧溝通模式」；採「互動」的論點，而提倡中庸立場，即折衷「干涉」與「非干涉」此兩極端者，有「現實治療模式」和「邏輯後果模式」；此外，尚有庫寧（Jacob Kounin）從團體經營或管理的觀點，強調班級常規經營的預防功能，而發展出的「教室管理模式」或「團體管理模式」或「有效動力經營模式」（施慧敏，民83：72；邱連煌，民86：自序1；林進財，民87：13；盧富美，民87：20-21）。

　　任何一種常規經營模式，絕不可能對所有學生都一樣通用且有效；而同一種模式對同一學生應用在不同情境中，也絕不可能獲得同樣的效果。因此，對於各種常規經營模式，教師確有必要詳加研究，以便在常規經營中，能依自己的情況而各取所需，各

擷所適。茲將上述七種班級常規之經營模式，依教師對學生行為的干涉程度，由高往低之順序，逐一討論其基本理念、實施步驟或方法，及其實施利弊於后。

壹、果斷訓練模式

果斷訓練模式即是美國教師李肯特（Lee Canter）及其夫人瑪琳肯特（Marlene Canter）二人攜手提倡的「斷然管教法」（Assertive Discipline）。肯特一開始係針對許多特優教師的行為進行研究，而歸納出這一套「果斷紀律」的常規系統，其功能在幫助老師們養成並發揮其決斷能力（引自邱連煌，民 86：3），許多老師們在接受此訓練後，均肯定地說：確實非常有效。因此，斷然管教法自一九七六年推行以來，甚受教育行政人員和老師們的歡迎。茲將此模式的基本理念、實施方法及其利弊，摘要簡介於后（施慧敏，民 83：80-83；金樹人，民 85：189-210；邱連煌，民 86：1-16；林進財，民 87：17-21；盧富美，民 87：21-23；陳木金，民 88：134-135）。

一、基本理念

肯特的果斷訓練模式是一種能力本位（Competency-based）的教室管理方法。此方法具有下列三個主要的基本理念：

㈠教師在教室裡必須具有相當大的影響力

通常，學生在教室內的一些基本權利，如：有權要求老師協助其改進不良行為或積極支持其適當的行為、有權利選擇自己的行動，並了解該行動會給自己帶來怎樣的後果等，若要獲得充分的保障，則老師在教室裡務必具有相當大的影響力始可。因為有影響力的老師，才能為學生訂定合適的行為規範、鼓勵學生的良好行為，與提供學生有意義的行為後果，使學生的權利與老師的權利不但毫不牴觸，而且二者相輔相成。

㈡有決斷能力的老師，才算是個具有影響力的老師

學生的常規一出現問題，老師的處理方式有決斷的、猶豫不決的、和敵對的等三種反應型態。有決斷的老師，其反應方式不但能明確地表示自己的感情、意願和要求，且又能以具體行動去堅持自己的立場，言而有信地貫徹到底。對於學生的壞行為，他會加以懲戒；對於學生的好行為，他則會加以獎勵。在恩威並施，賞罰共用之下，鍥而不捨地訓練好學生的班級常規。因此，

有決斷能力的老師，在學生的心目中，能夠建立權威與贏得信賴，確實是位對學生行為具有相當影響力的老師。

㈢老師在教室裡所表現的決斷能力，是可以培養的

對於經驗缺乏的老師，在處理學生的行為問題時，難免發生偏差現象，不是抱著猶豫不決的態度，就是站在學生的敵對立場。因此，肯特建議老師們要像其他企業界人員一樣，工作之前照樣需要接受決斷能力訓練，以增進其教室管理的能力，並成功地應用在教室的常規經營中。

二、實施方法

肯特夫婦的「果斷訓練模式」係由下列五個步驟來實施的（金樹人，民85：194-203）：

㈠辨認並移走果斷常規訓練的障礙

對於果斷常規訓練的一些毫無根據且荒謬可笑的錯誤觀念，教師必須先得承認「牛牽到北京還是牛」（即誤以為學生無可救藥，而輕易地放棄學生）這種消極的期望是錯誤的；而有必要以積極的方式來影響所有學生的行為，以消除與解決消極期望所帶來的常規訓練的絆腳石。

㈡練習使用「果斷」的反應方式

實施斷然管教法者，在處理學生問題時，不但要扮演能夠維護師生雙方權益的所謂「果斷反應型」之教師角色，且必須勤加練習一些反應的方式，直到能運用自如地處理學生問題為止。這一類型的教師能清楚地表達自己所不同意的行為方式，不斷地使學生能清楚明白老師的期望，並能有效地、不斷地堅持學生符合這些期望。

㈢學習設限

做為一個果斷反應型教師，接著必須將上一步驟學生所清楚明白的老師期望——即在班級中什麼是該做的，什麼是不該做的，用簡表的方式公布在教室公布欄裡，此即所謂的「設限」；對學生的行為要求公布之後，下一步驟即要決定學生「從」（守法）或「不從」（違法）的後果，如：「從」者如何鼓勵，「不從」者又要如何處理。

㈣學習去追究所設的限制

學生對於「設限」到底達成了多少，教師必須隨時探個究竟，並依學生從或不從所決定的後果，予以適度的回饋。能如此，有助於學生在選擇行為前，能對所要選擇的行為之好、壞後果，有多一層的思考與認識。

㈤實行一套積極、果斷的制度

　　斷然管教法經由前面四個步驟的練習或學習一段時間之後，學生大多就能適應而上了軌道。但前四個訓練步驟，大多是消極的方法，接著，教師也應給予有適當行為的學生積極的反應。教師即可把行為規則和行為之獎懲，有計畫、有系統地賞罰並用；在態度堅決、意志堅定、行動乾淨俐落之下，往往能有效地運用增強方法去鼓勵學生的適當行為，因而提升了常規訓練的功效。

三、實施利弊

㈠優點

1.能提高教學效率

　　斷然管教法對於學生的行為問題，能迅速處理且前後一致、左右一貫，往往可節省不少上課時間，將之用於教學上，學生有較多時間專注於學習，且不受環境干擾，自然就可提高教師的教學品質或效率了。

2.能提升常規訓練功效

　　教師依事先訂好之管教計畫行事，且能態度堅決，行動迅速又俐落地處理學生之行為問題，因而能提升管教功效。

3.有助於培養學生負責與批判思考的能力

斷然管教法不僅口頭設限，且將所要求的行為表現及行為可能的後果列表公布出來，然後徹底執行，絕不妥協。結果能積極有效地影響學生的行為，俾使在選擇行為之前，能對所要選擇的行為之好、壞後果，有多一層的思考與認識，而後再批判與決定，使學生從中養成負責自治的好習慣。

(二)缺點

1.易使學生之學習處於被動的狀態

學生只機械性地遵守行為規則，較缺乏機會發展自動自發去解決問題的能力，及培養對自己行為負責的責任心。

2.過於強調外在力量的控制

斷然管教法係賞罰分明，對壞行為，要罰、要禁止；對好行為，要賞、要增強。這種過於強調運用外在增強與懲戒，來對行為加以控制，往往抹殺了學生行為之內在動機的作用。

3.偏於由教師主導的實施方式

斷然管教法對於行為規則的訂定及其執行步驟、方法，大多偏於教師主導的方式，學生罕有置喙餘地；且教師偏於不當行為的制裁，而疏忽了適當行為的鼓勵。教師之重罰而輕賞的態度，實嫌過於專制，缺乏民主精神。

貳、行爲塑造模式

　　斯金納（B.F. Skinner）係行爲學派的重要學者，雖然其本人並未提倡以行爲分析爲基礎的管教模式，但許多教師卻從斯金納的研究中獲得很大的啓示；即以行爲改變技術之「增強」來做爲控制並促進學生行爲的一種手段，也因此把此一常規經營模式——「行爲分析管教法」的發展歸功於他（Charles, 1996; DuKe & Meckel, 1984; Madsen & Madsen, 1980; Wolfgang, 1995；邱連煌，民86：19）。茲將此模式的基本理念、實施方法及其利弊，摘要簡介於后（金樹人，民 85：85-100；邱連煌，民 86：19-96；林進財，民87：14-16；陳木金，民88：132-134）。

一、基本理念

　　行爲塑造或行爲分析的理論基礎就是「增強理論」；增強理論有下列四個基本要義（施慧敏，民 83：83；金樹人，民 85：87-88；邱連煌，民86：20-42；林進財，民87：14-15；陳木金，民 88：132-133）：

　　㈠行爲受其本身的後果所塑造或控制。

㈡行為之後若帶來好後果，如：得到增強物或讚美，該行為會因之益趨頻仍；反覆行之，終將養成牢固習慣。

㈢行為之後若帶來壞後果，該行為會因之益趨減弱；反覆行之，該行為終將銷聲匿迹。

㈣學習前期宜以連續增強；當學習已達預期期望，則改為間歇性增強為佳。

二、實施方法

行為塑造法係利用增強原理以改善學生的行為，並達到常規經營的終極目標。最好能按部就班，遵循下列的步驟實施，方能如期奏效（邱連煌，民86：43-57）：

㈠確定目標行為（Pinpoint Target Behavior）

在運用增強原理以改善學生的行為時，第一個實施步驟為：教師必須先要確定，到底學生缺乏哪些有利於學習而亟需建立的行為；或學生已有哪些不利於學習而應該去除的行為。在教師確定了目標行為之後，實施起來才不致於迷失方向而舉棋不定地陷入困境。

㈡測定基線（Establish Baseline）

所謂基線，就是起點行為或舊經驗；測定基線，就是建立學

生原有行爲或舊經驗的資料。至於對學生該建立或消除的行爲，教師必須仔細觀察與記錄該行爲缺乏或嚴重到什麼程度。換言之，要改善學生的某種行爲，必須要透徹了解學生表現該行爲的狀況，亦即所謂的基線，以作爲對症下藥的依據，亦可作爲與行爲塑造結果作一客觀的比較。

(三)選擇增強物（Select Reinforcers）

教師在運用增強原理時，必須使用適當的增強物，以達增強作用；就像漁翁之垂釣，必須準備好合適的魚餌，以達一放線就有魚兒上鈎的目的一樣。由於增強物有可欲或非可欲，有學生喜歡或不喜歡的，它對學生有沒有吸引力，教師不能單從成人的角度去看，同時更需要考慮學生本人的情況。因此，教師必須根據學生的喜惡，來選定增強物，其增強作用當可提高，達成時間當可節省。

(四)安排後果（Consequate）

所謂安排後果，就是教師將所確定的目標行爲與所選擇的增強物，二者在時、空間上予以適當的聯結。亦即教師要妥善安排學生之行爲後果的增強方式，在新行爲產生初期，實施連續增強；當該行爲已漸趨穩固後，即可循序漸進地將增強方式改爲間歇增強。如此一系列有系統的實施，將可望養成牢固的行爲傾向，當目標行爲的表現一旦鞏固下來，其行爲將由最初的「他

律」，逐漸地進展到最後的「自律」（Self-discipline）階段，亦即達到管教上的終極目標。此種成果僅靠學生本人享受那學習與成長的喜悅，就心滿意足了，那外在的報償便不甚重要了。

㈤評估效果（Evaluate）

行為塑造法在經由上述四個實施步驟之後，單就此一「欲行改善的目標行為」而言，整個管教過程大致於焉完成。至於實施成效若何，則必須經過評估，才能給予客觀的肯定。對於欲行改善的目標行為，其實施效果經過評估之後，必須與實施前所測定的基線作一比較，才能從中很清楚地看出該目標行為的改善情形。

三、實施利弊

㈠優點

1.對於好行為給予獎賞可激勵興趣與努力

行為塑造法是以遞進接近（Successive Approximation）方式，及時增強接近目標行為的每一動作，一直到該行為完全建立起來為止。其過程如同雕塑家一樣，剛開始把一團黏土經過不斷地揉揉捏捏，最後塑成了一件所期待的藝術品。行為塑造者之教師也是一樣的，一開始係從一連串散亂無章的行為反應中，加以

剔選（確定目標行為）、區分（測定基線）、增強（選擇增強物）、與綜合（安排後果），最後終於建立或養成所欲的新行為（評估效果）。學生在行為塑造過程中，不斷獲得物質酬賞、口頭稱讚、社會稱讚、及其他增強物，內心自然會油然而生成就感，對學習更感興趣與努力，對自己的能力則更為肯定與自信（金樹人，民 85：90；邱連煌，民 86：92-93；施慧敏，民 83：84）。

2.使學生獲得比較符合人性的成長

行為改變技術在基本上係以「獎賞」為中心，它提供教師以積極的方式與學生相處，而盡量避開使用嚴厲的處罰方式。它使得教師大多採用溫暖的、支持的、正面的方法來提供甚至於營造良好的教室情境，以取代傳統權威教育之冷酷、嚴厲、與處罰的方式，使學生獲得比較符合人性的成長機會（金樹人，民 85：90-91）。

3.對於學習速度的增進也和促進個人良好行為一樣有益

行為塑造法是以獎賞為中心，並著重積極性的鼓勵，而盡量減少消極性的責備，亦即強調多鼓勵而少責備，旨在幫助學生以漸進的方式來塑造或養成良好適當的行為。對於好行為即給予獎賞，更激發學生對學習的興趣與努力，使學習時間節省不少，而有助於學習速度的增進與教學效果的提高。換言之，行為塑造法不僅能促進學生個人的良好行為，且一樣對學習速度的增進有助益（金樹人，民 85：91）。

㈡缺點

1.強調外在行為的操縱，有違民主精神

實施行為分析或塑造法，旨在控制學生的行為與思想；雖然任何社會都必須禁止有關危害他人的行為，但對於在學習上的某些特定行為的制約，如：在課堂上，不能亂動或隨便發問、講話等，似乎更適於專制社會的國家，而不適於民主社會的我國。

2.實施過程較費時又耗力

教師為了改善學生的行為而實施行為塑造法時，於事前、事中與事後，整個過程均須有關人員全神投入於客觀觀察與詳盡的記錄中，其過程相當煩人，手續亦相當繁瑣。雖然有些老師贊成行為塑造或分析法，但礙於此法費時又耗力的繁文縟節，總是猶豫不決，不敢貿然使用。

3.忽視學生內心的感覺和情緒，使實施結果僅達治標而較無法治本

行為分析法只重行為之改變，而輕行為之成因；即僅重視外顯的行為，而忽視內隱的情緒。實施結果，雖然表之於外的行為改善了，但隱之於內的病因可能仍存在著；即實際的問題並未徹底解決，仍在治標而不治本之下。每當學生故態復萌，往往讓教師們有「孺子不可教也」的感受。其實，問題並不出在學生，學生本來就擁有犯錯的權利，要改善學生的行為，就要看老師的實施方法了。即一開始就要針對學生那不當的行為進行行為分析過

程，蒐集學生外顯行為與內隱情緒之有關資料；接著選擇較為適當的行為改變技術，並循著行為改變步驟而逐步實施著。相信在內、外在因素均同時兼顧之下，那被批評為治標不治本的缺點，將不復存在，使得行為塑造或分析法更受到教師們的肯定與重視，而被廣泛地應用到教學情境中，幫助教師們真正的改善了學生的行為問題。總而言之，一切就要看教師如何去善加運用了（邱連煌，民 86：94-95）。

參、現實治療模式

現實治療模式（Reality Therapy）係美國臨床心理學家及精神科醫生格來塞（William Glasser）所首創。格氏認為一個人現在的所作所為，才是解決問題的癥結所在，所以他所注意的、關心的是現在，是情境的現實性，而不是想辦法去挖造成不良行為的過去原因。格氏將他的理念由現實治療擴展到學校，特別強調學校必須扮演滿足學生需要的角色，此乃是學校常規成敗的關鍵。茲將此模式的基本理念、實施方法及其利弊，摘要簡介於后（金樹人，民 85：221-239；邱連煌，民 86：125-149；林進財，民 87：21-25；陳木金，民 88：142-146）。

一、基本理念

格來塞的教室管理觀點在早期（一九八五年前）與後期（一九八五年後）有所不同；由於後期的觀點較能完全代表他現在的觀點或想法，亦較合乎現代學校教育的需要，故以格氏後期的觀點來說明現實治療模式的基本理念（金樹人，民 85：228-232）。其基本理念有下列三個要點：

(一)學校教育應優先滿足學生的需求

格來塞認為學生和一般人一樣，有生存、隸屬感、權力、樂趣，和自由等五種需求，而學校應有計畫地滿足學生後四種的需求；尤其是今日的學校教育，更應創造出使老師、學生免於基本需求匱乏的教學環境。格氏觀察出學校的學習活動並不能滿足學生的心理需求，致使大多數的學生對學校的學習活動都不感興趣；所以很被動地、消極地到學校接受屬於低品質的學習活動，使得學校教育無法蓬勃地發展，而漸陷入困境中。

(二)老師應推行高品質的學習活動

所謂高品質的學習活動，包含課程能呈現許多有趣的教材，和讓學生討論他們願意努力去學習的主題，且由學生自我評量自己到底學得了多少等。此等高品質的學習活動及評量工作，均可

由學生自行完成，係老師所應重視與推行的教學要項。

㈢老師應趨向於領導式的教學風格

老師不能再採用只會用口語命令的「老闆式管理者」的方式，而應採用不強迫、不敵對或不處罰的「領導式管理者」的方式來引導學生學習，並提供大量的支持與鼓勵。此種領導式教師往往能引發學生學習的動機，而願意留在課堂上進行高品質的學習，使班級常規問題大量地減少，且也易於處理。

二、實施方法

格來塞將用以治療精神病患的現實治療法，也成功地應用在學校中，以處理學生的一些不當行為。老師在應用此法時，必須遵循下列八個基本原則（施慧敏，民 83：77-78；金樹人，民 85：224-227；邱連煌，民 86：129-133；林進財，民 87：23-24）。

㈠全神投入

一般學生經常因畏懼老師或不信任老師而抗拒與老師建立良好的師生關係。因此，對於有偏差行為的學生，老師最好能全神投入於他的學習中，鍥而不捨地幫助他。讓學生接觸到能贏得其衷心信服的老師時，才易與關心他們的老師建立起良好的關係。

此即讓學生產生成功認同的第一步，使老師在處理學生的偏差行為上，有個好的開始。

㈡強調問題行為

當學生表現偏差行為而老師正在處理時，為避免學生為他自己的行為找藉口，而不圖改進，此時老師必須特別強調學生所做出來的行為是什麼，而別問他為什麼要這樣做。格來塞說：「避免去挖掘學生過去的失敗經驗，而注重學生現在的行為，就是在鼓勵學生去改善現在的行為。」現實治療法之重行為而輕感覺的原因，即出在「行為」可直接加以改變，卻不能直接改變「感覺」。因此，讓學生直接先改變行為，藉行為的改變，使心理有較好的感受，亦即間接地改變了感覺；其行為可從直接改變中獲得了更進一步的改善。

㈢對行為作「價值判斷」

學生的違規行為雖然可直接加以改變，但在改變之前，最好讓學生對自己的行為先作價值的判斷。在覺悟自己的所作所為的確有害無益之後，學生往往較能主動去改善自己的行為。

㈣訂定「行為改變計畫」

當學生對自己的行為明辨了是非，而想要去改進時，最好由老師輔導其訂出一套改正行為的計畫。先有了計畫，才能使行為

改變順利地進行，並能有效地達成。

㈤許下承諾

　　學生除了擬定行為改變計畫之外，尚須許下承諾以實際行動去實踐其計畫。因為心動不如下定決心的立即行動來得重要。

㈥不接受達不到承諾的任何藉口

　　學生若無法實現其行為改變計畫而提出一些理由時，教師絕不接受學生達不到承諾的任何藉口。否則，即註定學生無法改善其偏差行為，使得現實治療法之實施成效將大打折扣。

㈦不懲罰、不責備

　　對於違規者，教師以尊重的態度對待之，既不懲罰，也不責備。此時處理問題的重點在於尋求解決之道，以避免不當行為的一再出現。

㈧堅持而不輕易放棄

　　對於無法依原先計畫來改正偏差行為的學生而言，老師既不容許他們找藉口，也不對他們懲罰或責備；而係以尊重、堅持的態度，希望再與學生一起商討解決之道。即從檢視行為改變計畫無法成效的原因中，重新再擬定一份較為合適的計畫來。對於老師如此的真心投入，讓學生深深地感受到老師永遠地愛著他們，

且永遠不會放棄他們，而有信心自願又負責地改進自己偏差的行為。

三、實施利弊

㈠優點

1.現實治療法自理論至實施方法，自成一套系統

現實治療法對於學生的不當行為，有一套具體明確的處理步驟；如果學校是個能滿足學生需要的好地方，則在這樣的一個地方推行此法，可望獲得良好的結果。

2.能培養學生的獨立性與判斷力

現實治療法要求學生對自己的行為負有責任感且強調價值判斷與培養選擇好行為的能力。只要老師有耐性地全神投入，貫徹始終地實施，一定能培養具有獨立性、判斷力的孩子。

3.能增進學生的常規表現和學習品質

現實治療法要求教師不要以懲罰、責備的方式對待行為不當的學生，而要以尊重、堅持不放棄的態度，與學生一起商討解決之道。關於老師的關懷與真心的投入，對於學生的常規表現和學習品質將會有所增進。

(二)缺點

格來塞的現實治療法，雖爲大多數教師所肯定，但在國內實施此法會面臨下列幾個困難：

1.對於功課不好的學生實施此模式之成效有限

此模式之實施學校必須是個「好地方」，所謂好地方是指校園或教室是學生樂於身處其中，且可從中獲得快樂、成功經驗的地方。然而目前學校當局仍然重視學業成績表現，在升學壓力大與競爭劇烈之下，教師縱然想使教室成爲學生快樂的學習園地，恐怕也一籌莫展。

2.一般教師之現實治療技巧不夠

由於其實施步驟頗爲複雜，非一般教師所能勝任，除非實施學校的教師，加強接受訓練，否則困難重重。

3.實施現實治療模式所花費時間過多

現實治療模式之實施對象大都爲行爲不當的學生，此等學生之學業表現亦受其不當行爲的限制，而缺乏價值判斷與擬定行爲改變計畫所須具備的基本思考與批判能力，使得老師實施起來倍感困難。

肆、邏輯後果模式

邏輯後果（Logical Consequences）管教法是已故精神病醫生，即芝加哥大學教授杜瑞可斯（Rudolf Dreikurs）博士所首創。有關學生的管教問題，杜氏認為應盡量利用行為本身所產生的自然結果或邏輯後果，使學生從中去體驗行為與後果之間的密切關係，進而養成對自己行為負責的良好態度。由於邏輯後果模式的理念基礎係建立在人類的社會需要上，因此，該模式的另一名稱是「社會管教模式」（Social Discipline Model）。茲就此模式之基本理念、實施方法及其利弊，摘要簡介於后（施慧敏，民83：78-80；金樹人，民85：133-162；邱連煌，民86：99-121；陳木金，民88：141-144）。

一、基本理念

㈠學生均有歸屬的需求

人類是社會動物，故擁有強烈的歸屬感（Belonging），並希冀得到社會的接納。學生也不例外，他們需要身分、地位，與認

可；因此，學生大部分的行為都在盡力去追求個人的社會顯著性（Social recognition），亦即能被重視，而在社會上或團體中占有一席之地。

(二)學生的不當行為是由錯誤目標所引起

學生具有控制自己行為的能力，所以能夠選擇好行為，也能夠選擇壞行為。如果他所選擇的是壞行為，那是因為他錯誤地相信該行為會為他帶來社會顯著性；亦即學生的不當行為是受其錯誤目標所影響。

(三)老師應確認學生的錯誤行為目標

學生的不當行為，既由錯誤目標所引起，所以老師要先確定學生的錯誤目標何在，再以此籌謀對策。

(四)老師應適當地處理學生的錯誤行為目標

對於學生的不良行為，老師在處理時，不論其錯誤目標是在引人注意、或爭取權力、或企圖報復、或呈現無能力，一概不可使用「懲罰」強行制止，而應以「邏輯後果」代替之。因為懲罰是武斷的，學生會產生反感；邏輯後果是合理的，學生較易於接受，使其運用效果良好。

(五)老師應以鼓勵代替稱讚，以預防不良行爲發生

學生的不良行爲發生之後，雖然使用邏輯後果的效果良好，但那僅是「治標」而已，比其更爲重要的是防範於未然的「治本」。杜瑞可斯認爲老師的多「鼓勵」（Encouragement）、少「稱讚」（Praise）係預防不良行爲的最佳途徑。鼓勵係著重於整個「學習過程」，可從中養成學生出於自動的內在動機；而稱讚較偏重於「學習的成果」而已，那只能激發學生處於被動的外在動機。

二、實施方法

邏輯後果管教法自理論基礎以至實施方法，自成一套系統，且所提供的方法或步驟，具體可行。下列幾點係其具體的作法：

(一)提供行爲途徑讓學生選擇

學生是社會動物，故擁有強烈的歸屬慾望，且具有控制自己行爲的能力。因此，運用目標導向法，老師必須把學生的行爲責任，交還他自己去挑；只要把行爲途徑及其後果交代清楚即可，無須重複說明，也不必一再提醒。倘學生不聽指示，一切由他去，那是他的選擇，學生必定知道將要面臨怎樣的後果，且必須對自己的行爲負責，任何藉口老師要絕無例外的拒絕接受。

㈡確定學生的錯誤行為目標

學生的不良行為，係肇因於學生的目標發生偏差所致，即誤認該行為能夠滿足他的需求。因此，老師要先確定學生的錯誤目標何在，再以此來籌謀對策。

㈢鼓勵學生以正當途徑引人注意

對於學生之「引人注意」的不當行為，老師除以不理不睬的消極方法而使之自然消除之外，尚要盡量鼓勵學生用良好的行為去贏得人家注意；且時時提醒他，要靠個人的努力與成就，去獲得人家的尊重，才是正當途徑。

㈣拒絕與學生爭權鬥力

學生若引人注意未果，則轉而「追求權力」；此時的老師，最好自始至終根本不要捲入權力之爭。老師自動地退出權威地位，讓學生頓時失去競爭對象；支點不存，有力使不出，就算使出來，也是沒有人欣賞，不會受到別人的重視的。老師的此點作法，即所謂的「釜底抽薪」或「火裡抽柴」（Take fuel from fire）的高明手段。

㈤對尋求報復的學生循循善誘，以養成建設性行為

學生若追求權力受挫，則進而「謀求報復」；這些學生曾經

受到傷害，故動不動就想傷害人家，想藉以來彌補受傷的心靈。此等學生此時最需要的就是老師和同學們的關懷、了解、體諒、接納、支持，與溫情。因此，老師最好提供他機會：與人緣較好的同學親近、或老師常常私下與他友善交談、或展現他的特殊才能等；同時對他循循善誘、諄諄開導，使他對自己有信心，相信自己具有能力，而表現出讓同學們刮目相看的建設性行爲來。

㈥抓住時機，給需要的學生適當的鼓勵與支持

學生的錯誤目標，自「引人注意」開始，若未果轉而「追求權力」，若受挫進而「謀求報復」，若又失利後，便會走上「呈現無能爲力」的這條絕路。對於這種陷入絕境的學生，其問題最是嚴重，老師不可不理，更不可對他完全放棄。縱然他的努力程度微不足道，老師也要適時抓住機會，給他適當的鼓勵與支持。尤其在學生做錯事時，格外需要人家扶他一把；老師適時伸出援手，讓他刻骨銘心、永難忘懷，此即雪中送炭的最好寫照。

㈦以邏輯後果代替懲罰，以鼓勵代替稱讚

不論學生的錯誤目標是在引人注意、或爭取權力、或企圖報復、或呈現無能爲力，老師一概不可使用懲罰強行制止。不過，懲罰在傳統上是普遍受到廣泛應用的管教方式，一下子棄之不用，那要用什麼取而代之呢？很明顯的，就是杜瑞可斯所主張的，要以「邏輯後果」代替「懲罰」。邏輯後果是合理的，學生

較易於接受；懲罰是武斷的，學生易生反感。

為了預防不良行為的發生，杜瑞可斯又主張以鼓勵代替稱讚。鼓勵著重過程而非成果，是努力而非成就；鼓勵使學生較有勇氣去嘗試，去冒失敗的危險，去接受自己與更能賞識自己的優點，而激起學生積極向上的內在動機。至於稱讚，其所著重的是成果而非過程，是成就而非努力；換言之，稱讚所強調的正與鼓勵恰恰相反。當學生的學習有些成果卻未獲得老師應有的稱讚時，其心裡往往會有前功盡棄、白費心機的感受，而輕易的放棄了學習。因此，稱讚只能激發學生的外在動機，而不能提升學生自我滿足的內在慾望，故老師盡量少用為妙。

三、實施利弊

(一)優點

1.能先確定學生的錯誤目標，再對症下藥

就整體而言，此模式具有連貫的系統，自理論到實施，能一氣呵成。強調學生的所有行為，均以其歸屬慾望為依歸；不良行為的肇因，乃由於學生的目標發生偏差所致，即誤認該行為能夠滿足他的需求。所以老師要處理學生不良行為時，必須先確定學生的錯誤目標何在，再以此籌謀對策。

2.能以自然後果培養學生的責任感

就態度而言，此模式非常強調師生之間的彼此尊重。強調老師勿用傳統權威教育的懲罰手段，來處理學生的不良行為，而要以自然後果或邏輯後果來取代之；且更以積極樂觀的精神，鼓勵學生不輕易放棄自己，而要有自信且努力地勇於嘗試與勤於改進，讓學生從心裡慢慢滋生出責任感，以及對別人的尊重。

3.在實施方法或步驟上，甚為具體且可行

此模式不但指示教師要如何偵查學生的錯誤目標；當錯誤目標被確定後，尚提出具體建議，以便教師能對症下藥。

(二)缺點

1.由於不易找出錯誤目標，以致可能有錯誤的處理方式

對於學生錯誤目標的鑑定，說起來容易而實際做起來卻困難重重。有些時候摸不準學生的錯誤目標，使教師根本無法對症下藥；有些不良行為卻不可能找到邏輯後果，但教師又不得不加以處理，而極有可能產生錯誤的處理方式。其結果與懲罰沒什麼兩樣，犯了下錯藥方，使症狀愈趨嚴重的後遺症。

2.缺乏「糾正性」的常規經營措施，以致無法處理突如其來的違規行為

學生的不良行為經常是被班上其他同學所製造的氣勢而增強出來的；且具有感染性，很快地由個別的轉變成團體的不良行為。邏輯後果模式之主要概念是在教導學生能自我約束，對於一

剎那間所造成的全班性的不良行為，杜氏在這方面並未提供太多的技術，使運用此模式的教師，在「預防性」與「支持性」兩方面的常規，雖有不錯的效果，但在「糾正性」的常規方面，就真的和節節失利的學生一樣的顯示「無能為力」了。

伍、教師效能訓練模式

　　教師效能訓練模式係由高敦（Thomas Gordon）的一本旨在提供老師以適當的溝通方法，來處理學生問題的暢銷著作《教師效能訓練》（T.E.T.：*Teacher Effectiveness Training*；1974）所發展出來的。由於此本著作係在提供老師要如何處理學生的班級常規問題，故在名稱上即以教師的需要稱之；若以處理學生管教問題的主要策略而言，則其名稱亦可稱之為「高敦溝通管教法」；也因為高敦的教師效能訓練模式之基本理念係建立在其碩士論文之指導教授羅傑士（Carl Rogers）的理論之上，故也有人將之稱為「羅傑士情緒支持管教模式」（Rogerian Emotionally Supportive Model）。茲將此模式的基本理念、實施方法，及其利弊，摘要簡介於后。

一、基本理念

　　高敦的教師效能訓練模式，其基本理念具有下列五個重點
（Charles, 1996; Gordon, 1974; Wolfgang, 1995; 邱連煌，民 86：
156-163；林進財，民 87：29-30）：

(一)善用「權威力量」來影響學生以助其養成自制自律的習性

　　所謂權威力量是指用以影響或控制他人的一種力量。高敦強
調，老師最好莫用「權力」的權威力量來控制學生，那會導致學
生表現種種不良行為；而最好使用「專家」或「職位」或「合
約」等的權威力量來影響學生，才能幫助學生養成自制自律的習
性。

(二)盡量放棄使用「賞與罰」來管教學生

　　老師利用獎懲的力量來控制學生，事實上就是使用「權力」
的權威力量來管教學生，其結果非但不能收到預期效果，反而有
時還可能發生意想不到的反效果。高敦認為老師若使用獎賞，往
往會使學生有「為獲得獎賞而學習」的不當行為；老師若靠懲罰
以力服人地來管教學生，在本質上就不能用以培養學生的自律行
為，反而可能會引起一些長遠的負面效果，如：充滿憤怒和敵

意、降低與老師合作的意願、以說謊手段來逃避處罰，或留下「強權就是公理」的錯誤觀念。因此，高敦強烈反對老師利用獎懲的力量來控制學生，而說出下面一段話（引自邱連煌，民86：157）：

> 兒童生活若長久受到罰和罰的威脅，或賞和賞的承諾所約束，他的發展將被鎖在嬰兒期中，罕有機會學習去承擔個人的行為責任，他壓根兒就不能長大（Gordon, 1974：11）。

由上面高敦的一段話可知，身為教師最好放棄使用賞與罰來管教學生，以免學生永遠停留在嬰兒期中，缺少責任感的學習機會，日後其外表雖為成人，但其心理卻不成熟的永遠長不大。

(三)應以初級情緒為依據，向學生發出訊息；不應以次級情緒為依據，把怒氣發洩到學生身上

老師在教學中一遇到學生突如其來的問題行為時，往往先驚而後怒，感到兩種情緒在衝擊。例如：學生上課不專心亂丟紙條傳訊息的問題，老師最初感到的是「驚」，此即初級或基本情緒反應；驚過之後是「怒」，此乃次級或從屬情緒反應。高敦建議老師要先分辨清楚此兩種情緒，然後根據初級情緒的感覺，向學生發出「我－訊息」；絕不能依據次級情緒，送出強烈的「你－

訊息」，即把怒氣發洩在學生身上，往往易引起學生反感，甚至會激發出兇暴行為來，讓人有因憤怒而亂罵的一失「言」成千古恨的感受。

㈣建立和諧和樂的師生關係

高敦的教師效能訓練模式，其主要目的在於發展一種師生互相尊重的方法，透過有效的溝通技巧來建立與增進和諧和樂的師生關係。這種關係，是教學與管教的基礎，更是師生雙方心靈的特殊聯繫，有如一座橋樑。不管老師所教的是什麼，都能讓學生感到趣味盎然，生動有趣地促進真正的學習。

㈤澄清問題的所有權

當學生有某一特定問題產生時，高敦的教師效能訓練模式要老師們須先確實鑑定此一特定問題之所有權到底屬於誰，是老師抑或學生？經過鑑定而澄清問題的所有權之後，老師在保持師生之間的和諧關係之下，根據問題的歸屬而採取不同的對策，並運用各種適當的溝通技術以解決問題。

二、實施方法

高敦的教師效能訓練模式的實施方法，因問題的所有權之歸屬不同而異。所以在實施此模式時，有下列三種主要的做法

（Wolfgang & Glickman, 1986: 26-43; Maurer, 1985: 50-56; 邱連煌，民86：169-181；施慧敏，民83：73-74）：

㈠積極傾聽（Active listening）

「積極傾聽」係問題歸屬學生時的主要作法。由於問題屬於學生個人，因此老師必須運用傾聽技術，積極、主動地傾聽與了解學生真正想說的是什麼。通常學生所發出的訊息，往往不是開門見山地說出實情，讓人無法從中一覽無遺。因此，老師有必要靠主動傾聽，去聽出學生的弦外之音，才能幫助學生解決其個人問題。

㈡解決問題（Solving Problem）

「解決問題」係問題歸屬老師時的主要作法。既然問題的所有權係屬於老師方面，因此老師必須採用適當的「面對技術」而做有效處理，才能爲自己解決所發生的問題。至於老師所必須採用的面對技術，高敦有下列幾種建議（邱連煌，民 86：173-179）：

1.改變環境

所謂改變環境就是將原先所設計與布置的教學情境，依學生所產生之某一特定問題的需要而稍加改變，以解決老師在教學情境布置上的缺失，使教學情境能成爲學生始於快樂而終於智慧的學習環境。至於要如何改變環境？約可從下列八方面依實際需要

而著手：

(1)**充實內容**：例如要闢出一個地方，專供展示學生在單元學習活動中所蒐集的資料、分組討論的報告、及各科作品（如：作文、寫作、美勞、習作、心得感想……）等，以充實教學情境內容，期收相互觀摩與激勵之效。

(2)**擴大範圍**：當班級所設置的圖書角，其陳列的學生讀物及有關資料無法滿足學生所產生之某一特定問題需要時，可輔導學生到學校圖書館找尋相關資料。把教學情境的範圍擴而大之，讓學生充分使用圖書館設備，不但能提高學生的學習成效，且解決了屬於老師的一些問題。

(3)**縮減範圍**：教學情境中的多元刺激，往往易分散學生的注意力，而影響學習成效。因此，為達成某種特定目的，有時必須將教學情境範圍予以縮小，以利學生能集中注意力專心學習；例如，使用視聽器具時要帶耳機，讓學生能專心聆聽耳機的聲音，以提高學習成效。

(4)**限制範圍**：在人數眾多、設備有限的情況下，為避免在使用上與安全上發生問題，最好把教學情境的範圍加以限制；例如，規定某種活動只限於某指定地區。

(5)**力求變化**：教學情境不但在布置內容的形式上，要力求變化，以激起學生的注意，使學習達到事半功倍之效；同時在課桌椅的擺置上，要視學習活動的需要，隨時改變排列的方式，如排成聽講式、會議式、分組式、辯論式、或表演式等，以利於教

學。

(6)方便使用：教學情境所布置的材料與所存放的許多實用器材，盡量以學生為本位，無論是布置物品的大小、裝置的地點與高度，都要配合學生的需要與程度，使學生伸手可及、一覽無遺的方便使用而有助於學習。

(7)專人負責：對於教學情境中所布置與設置的各項教學資源，必須分配某些任務給某些學生妥善加以保管，以利教學上繼續不斷的使用機會與培養學生的責任感。

(8)預作練習：由於學習時練習次數的多寡和熟練程度有密切的關係。因此，對於教學情境中的新設備或新器材，在使用之前，最好多給予學生不斷的練習機會，在一回生，二回熟之下，當實際操作時，才能得心應手。

2.分辨基本與從屬感覺

在上課中每遇學生不專心而影響上課秩序時，剛開始讓老師覺得怎麼老是這樣而感到很失望，緊跟著失望而來的感覺是憤怒；前者「失望」的感覺是屬於初級或基本的情緒反應，後者「憤怒」的感覺是屬於次級或從屬的情緒反應。高敦建議老師們，對失望與憤怒此兩種情緒要自己先分辨清楚，然後再根據初級的情緒感受——失望，準備向肇事學生發出「我－訊息」。

3.發出「我－訊息」（I － Message）

每當學生的行為使老師的教學受到困擾時，一般老師往往是根據從屬感覺——憤怒，而針對肇事學生發出「你－訊息」

（You-Message）。其實，與其發出「你－訊息」的開口叫罵，不如發出「我－訊息」，可讓學生弄清楚自己的行為所可能產生的具體影響，此對其日後的行為，能逐漸往深思而熟慮的方向成長，使之人格更加成熟。至於「我－訊息」所包含的要素、發出的原因、及其功能如何，茲逐一說明如下：

(1)「我－訊息」所包含的要素

老師要發出「我－訊息」時，必須告訴學生三件事情：

①你的什麼「行為」造成了問題。

②由於該行為所產生的具體「效果」，故造成了問題。

③該行為給老師帶來的基本「感覺」是什麼。

上述由老師告訴學生的三件事情——行為、效果，與感覺，即為「我－訊息」所包含的三個要素。完整的「我－訊息」，其所包含的三個要素，最好依照「行為→效果→感覺」或「行為→感覺→效果」的次序告知學生。

(2)發出「我－訊息」能有助於老師解決問題的原因

為何老師發出「我－訊息」對問題的解決較有幫助呢？原因有二：第一，「我－訊息」較符合有效談判的三個條件——①能提升行為改變的意願，②其所含負面評估成分極微小，③其對師生雙方關係仍維護著，而不至於摧毀；第二，「我－訊息」這種不帶責備的語氣，可讓原先並不甚了解自己的行為會給別人帶來怎樣結果的學生，從中恍然大悟，且出於自動而毅然決然地改變了自己的行為，亦即解決了歸屬於老師的一些問題。

(3)「我-訊息」的功能

從上述發出「我-訊息」能助老師解決問題的原因中，可看出它具有以下四個功能：

①可取得學生的合作

對於那些答應後卻不遵守承諾的學生來說，老師可用「我-訊息」的溝通方式，以取得學生的合作；因為「我-訊息」就是表示對學生友善、尊重，與誠實的一種做法，將有助於日後學生出於自發性的幫忙與合作。

②可避免許多潛在的衝突

運用「我-訊息」雖然不是所有問題皆可以順利解決，但是有許多潛在的、尚未發生的衝突問題，卻可以藉此一溝通方式加以避免。換言之，「我-訊息」在常規經營上係屬於一種預防性措施，故確具有預防性功能。

③不但解決了老師的問題，也可以解決學生自身的一些問題

由於「我-訊息」是一種「尊重」的最佳溝通方式，它提供了師生間表達情感與解決問題的一個基本模式。這種友善不帶責備的語氣，使學生從中了解到自己行為所帶來影響別人的結果，且逐漸地明白自己必須怎麼做，而自動自發地改變原先不當的行為。不但解決了歸屬於老師的問題，連學生的自身問題，其嚴重性亦自然地日益減輕，甚至消失於無形中。

④可使學生逐漸地富有「同理心」

對於學生不當的行為，老師運用「我-訊息」而不以責備、

生氣的方式來表達自己的感受；老師明確地表達對學生的關心與尊重，同樣的，也影響學生凡事更會體諒他人。可見，「我－訊息」具有使人從「不替人著想」轉變爲「關切別人」的功能（邱連煌，民 86：176），它將情緒教育落實於班級常規經營中，逐漸地豐富了學生的「同理心」。

4.換檔（Shifting Gears）

有時老師發出「我－訊息」未必能奏效，在察言觀色而發覺不對之際，老師應立即見風轉舵，適時換檔的改換技術，即由發出「我－訊息」，馬上改用「主動傾聽」，以提供機會讓學生自行設法，而達到師生雙方皆大歡喜的問題解決辦法。

(三)解決衝突──「無人輸方法」（No-lose Method）

「解決衝突」係問題歸屬師生雙方時的主要作法。原先兒童的不當行爲係帶來歸屬老師在教學上的一些困擾問題，老師爲解決問題而發出「我－訊息」卻無法奏效，接著趕快「換檔」變換立場和技術，結果幾乎仍然無法改變學生的行爲，此時，師生之間的需要便發生衝突了。

發生師生衝突的問題，其所有權不僅屬於老師，也不僅屬於學生，而是師生皆有份的歸屬雙方，因爲師生雙方的需要皆牽連在內；因此，「解決衝突」係問題歸屬師生雙方時的主要作法。至於要如何解決師生之間的衝突問題，其方法約有下列三種：

1.老師贏－學生輸。

2.學生贏－老師輸。

3.師生雙方皆贏，無人輸。

　　上述的第一種方法，老師以高壓手段、太武斷地壓制學生，表面上看起來是老師贏了，學生輸了，但實質上問題並未真正解決；因為學生充滿著怒氣，口服但心並不服，其問題遲早又會發作出來。第二種方法為老師讓步，對學生的不當行為睜一眼閉一眼，假裝沒看見，結果老師敗下陣來，學生贏了。其實，問題也沒真正獲得解決，只是老師投降，權威盡失而已。

　　高敦建議，教師應採用上述的第三種「無人輸或不敗的方法」，亦即當師生之間面臨一個相互衝突的情況時，由老師先說明發生問題之所在，接著師生雙方共同協商一個能滿足彼此需要且都願意採納的和解（解決）方法，使師生衝突能圓滿化解。換言之，此種方法係運用一種非權威的方法，不會造成一方挫敗，而另一方獲勝的局面，師生雙方均是贏家而沒有輸家。其結果不但能真正的解決了雙方衝突的問題，且能持續地維護著師生之間的融洽關係。

三、實施利弊

㈠優點

1.讓學生自己解決問題，從中培養責任感

學生具有成長的理性潛能，是高敦的基本理念。因此，其管教方法是讓學生在溫暖、支持、接納、關懷、了解、與信任的教師態度下，使學生之理性潛能得以開花結果，能憑靠自己去做適當的決定，去約束個人的行為，進而發展為自信心、自尊心，和責任感，終而成為自制自律的人。此乃高敦管教方法的最大優點。

2.提供老師問題所有權的鑑定方法，以澄清問題所有權

常規經營的目的，是在培養學生的自律。欲達此目的，老師必須確實鑑定某一特定問題之「所有權」到底屬於誰。高敦建議老師們，可利用他所創的「行為窗」（Behavior window）來幫助教師澄清問題的所有權。

3.維持師生之間的良好關係

師生之間的和諧關係，是教學與常規雙人行的基礎。這種關係，是雙方心靈的特殊聯繫，有如一座橋樑。高敦在其溝通管教法中，建議老師們在處理與解決常規問題時，盡量採用「無人輸方法」；讓解題的辦法都能滿足師生雙方各自的需要，且都願意

接受，終而化解了問題。這種管教方法，使師生之間，沒有輸家，大家都是贏家；不但順利、愉快地解決了問題，且能持續地維持師生的融洽關係。

(二)缺點

1.所有的學生是否均具有成長的理性潛能，令人質疑

學生具有成長的理性潛能，是高敦的基本理念。此一理性能力，對不同年齡、智力，與人格特質的學生，是否都有相同程度的具備條件，而能憑靠自己去做適當的決定，去約束自己的行為，終而自己解決了問題，這個疑問是不爭的事實。對於上述的屬於某一個因素形成的特殊學生，可能尚需要老師多下功夫，多指出一條明路，告知什麼才是對自己比較好的選擇與決定。

2.高敦並未提及「學生突如其來的攻擊行為」之處理技術

高敦建議老師們，運用傾聽技術，鼓勵學生道出內心感覺，此對一般學生在事前與事後，均可能奏效；但對一些並不說一語，卻突如其來有攻擊他人行為的少數學生而言，此時的老師縱然及時發出「我－訊息」的處理技術，但力量有限，根本無法阻止攻擊行為的發生，老師已緩不濟急而愛莫能助了。

3.解決問題需要耗費大量時間，而影響教學的正常進行

高敦溝通管教方法，被批評最多的是時間問題；即解決學生個別的某一特定問題時，從一開始的師生溝通至最後的圓滿解決為止，需要耗費大量時間。那僅是個別學生的問題而已，老師必

須中斷教學，且及時給予處理，結果上課進度落後，使教學經常處於趕進度中，而影響教學品質的提升。

陸、和諧溝通模式

　　和諧溝通模式係美國紐約大學心理學教授金納（H. Ginott）博士所倡導的和諧溝通法。此和諧的溝通是教師與學生相處時，所該秉持的態度，它在師生互動的關係上，提供了一座心靈聯繫的橋樑。

　　在教育界，金納之所以為人所稱頌者，為他所出版的《親子之間》（*Between Parent and Child*, 1965）、《父母與少年》（*Between Parent and Teenager*, 1969）、與《師生之間》（*Teacher and Child*, 1971）等三本有關兩代或師生溝通的著作。在他的著作中，不僅為父母發展出一些特別的溝通技巧，以處理親子間的衝突；且把處理問題時所強調的一個「對事不對人」的基本原則，推展到學校的教室裡，提供教師建立一個安全、人本主義、及建設性教學情境的溝通技巧。茲就金納之和諧溝通模式的基本理念、實施方法及其利弊，摘要簡介於后（施慧敏，民 83：75-76；金樹人，民 85：109-123；陳木金，民 88：148-152）。

一、基本理念

㈠教師應秉持「和諧的溝通」原則，以營造一個對學習有幫助的情境

金納特別強調「和諧的溝通」原則是營造良好教室氣氛的一個重要因素。因此，教師必須不斷地秉持此一原則，經常很自然地流露出樂於助人和接納人的態度，且隨時都在檢討自己所傳達出來的訊息對學生自尊的影響。能表現如此教學風格的教師，確實已盡到提供學生一個有助於其學習境界的責任；將會得到學生行為改善的回饋，以及更樂於從事學習的工作。

㈡教師要使用「理性訊息」，以引導學生遠離不良行為

所謂理性的訊息係指針對情境而非學生人品的用語。金納特別強調理性訊息的原則，就是要求教師在遇到學生惹了麻煩時，應針對情境而不要評斷學生的人品或人格；亦即教師只要描述有關的事情即可，好讓學生能就客觀情境來判斷「行為的對錯」與「對自己的感覺」，從中建立了學生的自我概念。若教師使用不理性的訊息，將會使學生對自己的感覺產生衝突，久而久之會逐漸地否定自己的感覺，並要依賴別人來判斷自己的自我價值，學生的自我概念有可能就此毀掉了，其偏差行為根本糾正不了，而

有可能更形嚴重。因此,教師對學生要如何使用訊息,能不慎乎!

㈢教師應以理性的方法,表達自己的憤怒

金納指出當令教師生氣的事情發生時,教師應理性地指出使他憤怒的情景,並以第一人稱的語句告知學生:教師對此情景的感受。教師此種不會傷害學生人格特質的言行,將提供學生良好的示範,即可藉此機會讓學生學習與增進表達情緒的字彙能力。

㈣邀請學生進行合作學習,其成效遠勝於強制執行

在課堂上,對於學生學習行動的方向,金納鼓勵教師最好時時提供學生選擇的機會,而很尊重地邀請學生合作地參與學習行列;使之認真、投入的態度為非教師之強制執行或逼人就範所能代替。的確,教師能尊重學生自動自發的學習態度,並隨時提供學生獨立自主的選擇學習的機會,確實可使學生從合作學習中,不僅增進了自我選擇的能力與責任感,且自我形象亦因而提高了。因此,對於學生的學習,金納強調老師們盡量避免直接命令或強調學生要合作,否則將造成學生在學習上太依賴老師,會變得被動而缺乏自主力,甚至對教師心生敵意,對學習心生恐懼而力求逃避,甚至於逃學。

㈤老師之讚美應具有建設性而非評斷性的功能

　　金納認為讚美雖有它的價值，但也有它的危險；其危險性在於教師使用它來操縱學生行為，也就是使用評斷性讚美，來評斷學生的人格特質。結果，年齡較大的學生往往會抗拒老師的這種操縱，因他們覺得老師說他們「很棒、很乖」的讚美，並不是真心的，只是想要他們表現出老師所期望的行為而已。因此，老師在讚美學生時，應當著重在學生的行為本身，而非其人格；使讚美具有支持、激勵，與鼓舞等建設性而非評斷性的功能。

二、實施方法

　　金納認為教師應做到下列幾點，才能使所秉持的「和諧的溝通」原則，有好的發揮功能（金樹人，民 85：120-123；施慧敏，民 83：75-76）：

㈠傳達理性的訊息

　　所謂理性的訊息係指針對情境而非學生的人格特質。金納常常強調理性訊息的原則：當學生行為出了問題，教師應針對情境而不要評斷學生的人格或人品；即只要描述有關的事情即可，讓學生就客觀情境來評斷行為的對錯，並評斷對自己的感受與自我價值。

㈡適當表達憤怒

由於教師的以身作則是非常重要的，因此，金納建議教師在有令人生氣的事情發生時，應該理性地指出使教師憤怒的情景，並以第一人稱的語句說出教師的感受即可。盡量避免用侮辱和貶抑學生的第二人稱語句，且愈簡單愈好。

㈢邀請學生合作

對於學生學習活動的進行，教師要尊重學生自動自發的學習態度；避免直接命令，而採取邀請學生合作的方式，由學生自己選擇學習活動的方向。藉著獨立自主的選擇，不僅增進了學生自我選擇的能力與責任感，且亦提高了學生的自我形象。

㈣接納與了解學生的自我形象

由於學生需要機會去了解自己的感覺及如何處理問題，而教師在幫助學生辨識自己的情感上又占有重要地位。因此，教師不要強硬灌輸自己的意見去幫助學生解決學生的問題，以減少學生的混亂矛盾；相反的，教師應該嘗試著去接納與了解學生的情感。讓學生的情感獲得接納與重視，而提高了解決問題的信心。

㈤以協助及鼓勵來代替標記

由於學生還在成長，尚未成熟；若有錯誤或偏差的行為在所

難免，教師要容許學生有犯錯權利。對於學生不成熟的行為，不應該隨便給予標記和診斷其人格特質，那只會限制學生對自我及未來發展的視野。教師應以「協助」及「鼓勵」來代替「標記」，亦即應該放開眼界，循循善導，支持鼓勵學生的成長與成就，使學生有信心、有把握地走上一條更為寬廣的道路。

㈥以適當的引導進行行為的改正

學生不當的行為幾乎每天都有，而教師亦跟著每天都忙著進行不當行為的改正工作。至於，教師要如何改正學生的不當行為呢？金納建議教師：宜以引導做為改正的方法。換言之，教師應避免攻擊學生的人格特質，而直接說出教師所看見的不當行為情境，並引導該有的正確行為即可。讓學生知道教師的感覺，及指引他們努力的方向，往往很快地就自動改正了不當行為。

㈦謹慎使用具有危險性的「讚美」一詞

讚美雖有其存在的價值，但也具有使用上的危險性。故教師在讚美學生時，應當著重在行為本身而非學生的人格特質；亦即教師要能真誠地肯定學生的努力（即行為本身，如：答案很正確、不錯、答對了等），而不對學生的人格特質（如：了不起、聰明、很乖、很棒、很笨等）作價值判斷。所以，教師在使用讚美一詞時，須格外謹慎小心，使讚美的功能達到支持性、激勵性、與鼓舞性的讚美，而非針對人格特質之評斷性的讚美。

㈧身教重於言教

金納指出，有效的常規訓練最重要的成分是教師的「身教」。即要求學生做到的行為，最好教師先要「以身作則」地做到，以提供學生良好的示範，讓學生有學習和模仿的榜樣，才能見賢思齊地增強了學習，班級常規亦因而執行得既和諧又有效。因此，教師的身教在有效的常規訓練或執行中，確實占有很重要的地位，爲教師們所不可忽視的一項實施原則。

三、實施利弊

㈠長處

1.提供了師生一座「心靈聯繫」的橋樑

金納所強調的「和諧溝通」是教師與學生相處時所該秉持的態度，也是製造教室氣氛的重要因素。使秉持此態度的教師，能自然地流露出樂於助人和接納學生的態度，更能注意到自己所傳達出來的訊息對學生自尊的影響；且也使學生知道教師對他們的感覺和期望，而能自動遵從教師的建議，並立刻改正其行爲。此師生所秉持的「和諧溝通」之態度，在師生互動的關係上，確實提供了一座心靈聯繫的橋樑。

2.採用理性的訊息，可引導學生遠離不當行為

金納在其和諧溝通法中，經常強調理性訊息的原則。在學生行為出了問題時，教師應針對情境而不要評斷學生的人品或人格；即強調對事不對人，讓學生就客觀情境來評斷行為的對錯，並判斷對自己的感覺與自我價值；從中逐漸地引導學生遠離不當行為，而朝向康莊大道成長。

3.有助於良好師生關係的建立

金納的和諧溝通法，提供了一些有效常規經營的建議，這些建議具體可行，實施起來也能由教師對學生的接納與尊重中，引發出學生的自尊，進而有效地建立起一座師生心靈聯繫的溝通管道，良好的師生關係即在其中自然而然地建立起來。

(二)短處

1.對糾正性的常規管理較為遜色

運用金納之和諧溝通法者，在遇到公然反抗、桀驁不馴的學生時，許多老師仍然束手無策，不知如何因應。由此顯示，此法可能對預防性與支持性（引導性）的常規管理較具成效，而對已產生的不當行為所要執行的糾正常規，恐怕因金納的建議較缺乏，使之執行成效略遜一籌。

2.教師在「適當表達憤怒」的執行上，往往事與願違

金納在其和諧溝通法中，建議教師在有令人生氣的事情發生時，應該以第一人稱的語句，很理性地說出教師自己的感受；而

盡量避免用第二人稱會侮辱和貶抑學生的語句，且不囉唆，愈簡單愈好。通常，教師在教學中，很少有不生氣的時候；教師雖然知道要適當表達憤怒，但就像人在江湖，往往身不由己；一生起氣來，第二人稱的語句就很管用了。事後雖然懊悔不已，但已造成的事實，實在令人莫可奈何。

柒、教室管理模式

教室管理模式係由美國一位一直在教育心理學領域裡貢獻心力的庫寧（Jacob Kounin）博士所倡導。早期他研究教室管理，係比較著重於支持性與糾正性的常規技術之研究，即朝「如何處理學生的不良行為」之研究方向。後來庫寧從研究中發現，在班級中普遍存在著一種「漣漪效應」（Ripple Effect）的現象，乃激起他往此現象進行一系列的研究與分析。

庫寧研究漣漪效應，一開始使用訪談方式蒐集資料，接著又用觀察法並記錄師生在教室中的實況；最後，他又以錄影的方法，錄下師生之間在整個教學過程中的互動情況。透過錄影帶的分析與整理，而發現幾個使學生更加專心且可減少學生不良行為的教室管理原則來。他的研究發現，在其著作——《管教與教室團體管理》（*Discipline and Group Management in Classrooms*）一書

中，即有詳盡的報導（Kounin, 1977）。

　　庫寧的研究與所發現的教室管理原則，迄今仍然爲學者們所爭相引用。由於庫寧的教室管理理念，非常強調「動力」（momentum）觀念，且顯現在有效率的教室管理技術上，故其之教室管理模式亦可稱爲「有效動力經營模式」。茲將此模式的基本理念、實施方法及其利弊，摘要簡介於后（施慧敏，民 83：85-87；金樹人，民 85：59-74；邱連煌，民 86：245-264；林進財，民 87：25-29；陳木金，民 88：135-137）。

一、基本理念

　　庫寧的教室管理模式，係源自於漣漪效應的研究結果，屬防範未然的方法，旨在防止學生不良行爲的發生。他所提出的策略，均爲在教室管理中，可使學生更專心，且減少不良行爲的發生之預防原則。

　　庫寧認爲老師的一些人格特質對教室的管理無甚幫助；那什麼才是最有幫助的呢？他認爲是老師「善於教室管理的能力」。具有此能力的教師，能在課前做充分的課程準備，加強布置或營造生動活潑的教學情境，還設計多樣化的學習活動讓學生參與，且避免學生對學習產生厭煩的心理；在教學進行中，能掌握全局、換課順利、進度適當，與有效地集中團體的注意力；對於學生行爲上的缺失，尚能運用漣漪效應的原則，很明確且認眞地處

理，以導正學習的行為。原來庫寧所謂的「善於教室管理能力」的老師，就是能建立「教學以達常規管理」的理念，並具體地付之實踐者。

二、實施方法

庫寧認為善於教室管理者，應遵循下列五項預防原則：

㈠掌握全局

教師能對教室每個角落任何時間所發生的事情瞭若指掌，且讓學生發現老師真有「腦後長眼」、「一心可兩用」的本事。

㈡換課順利

對於「同一節課內」各種教學活動的變換過程，以及「不同節課間」各種教學科目的變換過程等，老師均能順利地變換。欲達到此目的，老師在教學中，不能出現下列的錯誤行為：心不由主、中途打岔、一波三折、有頭無尾、與顛三倒四等。在教學活動或教學科目的轉換順暢之下，才能減少紀律問題，使學生能持續專心於學習。

㈢進度適當

老師在教學進行中，能夠引發向前滑動，不疾不徐，維持流

暢而一致的課程進度。

㈣顧及全體

　　欲使教室管理有效率，最基本的條件是老師要有能力集中且維持一個團體的注意力。欲具備此條件的老師，在教學中必須適時地採用下列的教學技巧：製造懸宕、隨機點名、互相補充或指正、及大家同來等。教師能適時提高團體警覺力，才能持續使學生全神投入於學習活動中，此對教室管理非常有效。

㈤避免饜足

　　學習並非一蹴即成，能立竿見影的事情。因此，老師多半要求學生要經久地努力，才能學得好；同時，也必須多加重複的練習，才能駕輕就熟。其結果，學生之饜足感的產生，似乎是無可避免的後果。庫寧建議老師在教學進行當中，偶爾在適當時機，插入幾句富於挑戰性或充滿熱心的言辭，以激發學生的警覺，並維持他們的學習動機；且敏於巧思，富於變化的採用多樣活動、多樣內容、多樣方式、與多樣資源，穿插著安排，藉此變化，以驅走無聊，增加情趣，降低不良行為的發生率；更要適時給予學生進步情形的回饋，使之對學習非但不會有倦怠感，反而興致勃勃，動機強烈，甚至廢寢忘食，不眠不休，使饜足感根本無從產生。

三、實施利弊

㈠優點

1.能防止不良行為的發生，並促進教學品質

庫寧所提出的教室管理原則，係屬於預防性的常規技術；其中有些是要老師積極地去應用平常不常用的方法，如：腦後長眼、一心兩用、製造懸宕、隨機點名、互相指正、大家同樂、挑戰激勵、變化多端、給予進步感等；另有些是要老師消極地去避免平常常犯的錯誤，如：心不由主、中途打岔、一波三折、有頭無尾、顛三倒四、小題大作、支離破碎等。不管是積極的抑或消極的，這些原則或技術都是庫寧根據客觀的觀察研究結果之所得。「他山之石，可以攻錯」，身為教師，若能依庫寧的建議，善加運用於教學中，不但直接地能防止課堂中許多不良行為發生，且間接地影響學生用功程度的提升，終而促進了教學品質。

2.具有教學以達常規管理的理念，並能具體付之實踐

庫寧在其所倡之教室管理法中，強調教室管理的重點，應放在防範措施上；其中，對教室管理最具影響力，亦即最有幫助的就是老師的善於教室管理的能力。因為，具有此能力的老師，往往能醞釀既生動又活潑的教室氣氛，讓學生置身其中，抱著濃厚的興趣，心無旁鶩，忙著參與老師設計多樣化的教學活動。學生

一心向學，壞心眼與鬼主意根本無從產生，使班級常規自然地無為而自化，不必應用外鑠的力量，即能帶動與表現出良好的班級常規來。換言之，庫寧所倡的教室管理法，可以幫助老師建立並實踐「教學以達常規管理」的理念，順利地成為一位有效率的教師。不但教學暢通無阻，甚少有常規困擾的現象，亦因而提高了教學品質。此即充分地證實「教學」與「常規」二者關係極為密切，具有相輔相成之作用的事實。

(二)缺點

1.漣漪效應並不適用所有學生；若運用不當，反而收到反效果

老師對某一學生的訓誡（Desist），其效果會蔓延到其他在場的學生，此即庫寧所謂的「漣漪效應」（Ripple effect）。

在小學教室裡，當老師糾正某位學生的不良行為時，其他學生的行為同時也跟著改進；可見，對於年齡較小的學生，老師的訓誡，的確會產生漣漪效應。不過，對於年齡較大的學生（中學生或大學生）而言，訓誡的效應往往不會擴展到其他學生，反而只會引起他們心理的不適、不安和焦慮。由此可見，利用漣漪效應在小學階段最有用，但在中學及大學階段，則得視教師受歡迎的程度或教師本身的威望而定（金樹人，民85：62）。

雖然漣漪效應在小學階段最有用，不過，由老師所引發漣漪效應的訓誡之屬性，若不是明確性和堅定性，而是屬強烈性，老

師那充滿著憤怒，頗含懲罰意味的訓誡，非但不能改善學生的行為，反而會引起他們的不安與焦慮，而收到反效果。因此，庫寧建議小學老師，可在適當場所應用訓誡的漣漪效應，以收「懲一儆百」之效。唯所訓誡的內容要清晰明確，語氣要堅定不移，表情要心平氣和，千萬不可充滿著憤怒；能如此，老師的訓誡效果，才能如期的達成（邱連煌，民86：248）。

2. 此法對支持性常規幫助不大，對糾正性常規技術亦沒什麼貢獻

庫寧的教室管理法，是防範於未然的方法，其所提出的一些策略，係屬於「預防性」的常規技術，能預防學生不良行為的發生。至於在整個班級常規系統中，庫寧教室管理的預防技術，對於「支持性」或「引導性」常規似乎幫助不大；且在「糾正性」常規方面，雖然建議老師應用訓誡的漣漪效應，以管制全班學生的行為，但其適用對象、適用場所、與適用時間等均有所限制，故其對「糾正性」的常規技術，也沒有什麼像「預防性」常規那樣的貢獻。

以上所論及的各種常規經營模式，確實各具有可參考的價值。由於各有其不同的基本概念，因而在實施方法或步驟與實施利弊上，亦不盡相同。不過，綜合分析各種經營模式所具有的長處與短處中，不難發現其中一些不謀而合之處。茲歸納並列述如下：

一、各種常規經營模式之共同長處

㈠有助於教學品質的提升

　　各種班級常規的經營模式，均在想盡辦法提供或營造良好的學習情境，讓學生不受環境的干擾，而能專注於學習，不僅能促進學生個人的良好行為，且更提升了教師的教學品質。

㈡能積極有效地影響學生行為，而有助其責任感的培養

　　對於班級的教室常規，為了團體的共同利益，全體學生均須努力去遵從與約束個人的行為，從中逐漸地改善行為，並滋生出責任感來。

㈢能維持良好的師生關係

　　各種經營模式，係有以教師的權力為主的，或強調學生自行改善行為之能力的，或折衷此兩極端而採中庸立場的。教師在管教態度上雖寬嚴不一，惟均自然地流露出樂於助人和接納學生的態度，故而引發出學生的自尊與自信，使之能持續地維持師生的融洽關係。

㈣引導遠離（防止）不當行為

班級常規由師生共同制訂，再經由教師有計畫、有系統地在態度堅決、意志堅定，與行動乾淨俐落下，能有效地運用增強原理去激勵學生的適當行為，因而提升了常規訓練的功效，引導了學生遠離那些不當行為。

㈤可激發興趣與努力

以獎賞為中心的常規模式，強調多鼓勵而少責備，即對於好行為即給予獎賞，從中更為激發學生對學習的興趣與努力，使學習時間更為節省，學習速度更為加速，學習效果亦因而更為提高。

二、各種常規經營模式之共同短處

㈠過於強調外在行為的控制，即稍嫌過於專制而有違民主精神

對於已制訂的行為規則，在執行過程中，學生只機械性地遵守即可，缺乏機會讓學生發展自動自發解決問題的能力；又因賞罰分明，即有好行為就賞，有壞行為即罰，這種對學生行為的控制過於強調外在增強與懲罰的現象，似乎稍嫌過於專制，而缺乏

民主精神。

㈡處理常規問題費時又耗力，影響教學的正常進行

只重視外顯的行為，而忽視內隱情緒的常規經營模式，雖然行為改善了，但形成問題的病因可能仍存在著，即實際的問題並未徹底解決。學生的不當行為常死灰復燃，一再出現，讓老師處理起來費時又耗力；因常中斷教學，而影響教學的正常運作，使教學經常處於趕進度中。

㈢缺乏糾正性常規技術，使偶發行為之處理較束手無策

建立與執行班級常規，旨在能預防不良行為的發生與維持一個好的學習環境。因此，所訂定的班級常規大多偏重於預防性或支持性（引導式）的常規。不過，不論老師如何賣力去防範，也只能減少學生不良行為的發生率，絕不可能使之完全絕跡。所以，對於課堂中一剎那間所造成的不良行為，老師往往因缺乏糾正性的常規技術，對於那突如其來的違規行為，真的有無力之感，處理起來往往束手無策。

㈣因不易找出錯誤目標，而有下錯藥方的不當處理方式

對於學生的違規行為，老師在處理之前，必須先了解其形成的原因，而進行學生錯誤目標的鑑定工作。鑑定學生的錯誤目標是知易行難的，在摸不準學生的錯誤目標之下，使老師根本無法

對症下藥，而有下錯藥方的不當處理方式，師生間的對立衝突因而產生，且陷入惡性循環的長期抗戰中。

(五)常規在執行上，理想與現實往往有一段差距

各種常規模式的經營理念雖為教師們所肯定，但在實施過程中，可能受到一些現實的限制，如：解決問題費時又耗力、學生內心的感覺和情緒不盡相同，以致不易找出其錯誤目標、缺乏糾正性常規技術可適時加以運用、學校當局甚至親師雙方重視學生學業表現而尚無法改弦易轍、教師在適當表達憤怒的情緒上往往事與願違等，使得實施起來困難重重，其成效不盡人意，往往與理想尚有一段距離。

班級常規之經營者——教師，在了解上述各種常規經營模式的基本概念、實施方法，及其各自的與共同的實施利弊之後，接著有必要因應情境所需，再針對學生的年齡和人格特質，以及自己所秉持的經營理念與所喜好的常規系統，從中不斷地發展並建立出一套能展現教師個人風格的常規經營體系來。

第四章

班級常規的經營程序

班級之常規經營是一個錯綜複雜的歷程，且是一門高度的藝術；其與教學二者密不可分，具有相輔相成的作用。因此，教師欲行有效率的教學，良好有效的常規經營係其先決的條件。

　　教師要怎麼樣經營班級常規才能成為有效能的經營者？國內學者單文經（民 85：218）曾從國外的研究結果（Emmer et al., 1980; Shultz & Florio, 1979; Evertson & Emmer, 1982; Emmer, 1987; Sanford & Evertson, 1981; Doyle, 1979b; Brooks, 1985; Moskowitz & Hayman, 1976），歸納出能有效進行班級常規經營的教師，具有下列三點特徵：

1. 在開學伊始，教師會對學生在課業和生活兩方面應有的
　 行為表現，提出合理且適當的期望。
2. 教師會把這些期望轉譯為班級的常規，以規則和程序的
　 型式，及早地教導給學生，讓學生清楚地了解這些常規
　 的內涵。
3. 教師會經常監看學生遵守班級常規的情形，適時給予回
　 饋，並且及早發現學生的不當行為，予以適當的處理。

　　根據上述特徵可知，教師想要成為常規經營的有效能者，至少要有以下三個經營程序：第一，班級常規（簡稱為班規）的訂定；第二，班規的教導；第三，班規的執行。班規經由訂定、教導，與執行之後，其成效若何？勢必透過班規的評鑑，以評估與

了解班規之執行成效，作爲改進的依據，以達精益求精，更具效能的常規經營。因此，進行班規的訂定、教導、執行，與評鑑，乃爲有效能的班規經營者必然所需的經營程序。茲分別依序探討如后。

壹、班級常規的訂定

「教師在開學伊始，會把自己對學生的期望，以規則和程序的型式，轉譯爲班級的常規」，此即實證研究所發現有效能的常規經營者的特徵之一。因此，身爲教師者，尤其是級任教師，在學年度剛開始新接到一個班級之際，首先必以建立班級常規爲要務，把學生帶往「好的開始，是成功的一半」的途徑。

班級常規係屬班級文化，班級文化又爲學校文化的支脈，故班級常規的訂定，理應以政府所頒布的各級學校教育法令、課程標準、成績考查辦法、學生獎懲辦法等法令規章，以及學校自行訂定的校規爲依據。教師必須把有關的規則和程序均融入自己的班級常規之中。以下分別探討訂定班級常規的原則和步驟。

一、班級常規的訂定原則

教師在訂定班級常規時，宜遵循下列六項原則：

㈠師生共同參與並制定

一般而言，教師若以民主方式來領導學生，往往較能產生效果。因此，班級常規的制定最好由師生共同來完成。至於其理由，可從下面所具有的功能中窺出一些端倪來。

1. 讓學生有學習的參與感及表達意見與期望的機會；不但可滿足學生的發表慾與成就感，且可提高其對班級的向心力與歸屬感。

2. 由師生共同制訂必能訂出較合乎學生期望且對其較具意義的班規來。此種班規的優點有（Emmer, et al., 1980; McGueen, 1992; 李園會，民 81；朱文雄，民 82；林明憲，民 83；施慧敏，民 83；葉興華，民 83；張笑虹，民 84）：

   ⑴可平服學生的心緒、縮短師生間的社會距離。

   ⑵在學生的意識中，較會產生一種履行實踐的義務。

   ⑶可減少學生意識的對立和行為反抗的現象，而有助於自我控制的能力或自覺自律習慣的培養。

3. 透過團體歷程的運用，使得學生在討論和表決的過程中，學習民主法治的精神，而有助於民主素養的培養。

㈡規則明確合理又可行

由師生雙方首肯而取得共識的每一條規則，不但能表明一件具體的行為，且是合理的為師生均可以接受與實際做得到的規則（McGueen, 1992；朱文雄，民 82；施慧敏，民 83；單文經，民 85；張笑虹，民 84）。

㈢用語簡潔且積極正向

所訂定出來的規則，其用語不但要力求簡明扼要，使學生一目了然、印象深刻、不會遺忘；且更要以正向的敘述，以達積極引導的作用（McGueen, 1992；朱文雄，民 82；林明憲，民 83；施慧敏，民 83；葉興華，民 83；張笑虹，民 84）。

㈣規則有附帶行為規範

學生因有個別差異存在的事實，對某些規則可能會錯意或印象不深刻，所以會有昨天知其真義，今天卻又忘記的現象產生。因此，為了因應學生的需要，最好規則之後能附有一些具體的行為範例，使規則與其行為範例二者相得益彰，而有助於學生對規則真義的了解，且有具體的範例可資依循（朱文雄，民 82；單文經，民 85；張笑虹，民 84）。

(五)保持彈性而適時更新

一般教師對每位學生所實施之規則，可能會因學生的身心特性而有所不同，故並非刻板得一成不變；且亦因時間或場地的不同，而不一定要整個學期或任何場地的規則也一樣的始終如一。換言之，師生共同制定的規則必須保持彈性，能因應不同的人、事、與物的需要，而採「活動式」的規則，能適時予以更新（McGueen, 1992; 蘇敬昌，民 83）。

(六)把規則公開且書面化

經由師生共同制定出來的班級常規，最好能公布在教室裡目標較為醒目的地方，尤其是「公布欄」，旨在提醒學生隨時因應需要而前往查看與印證一下行為的對錯。同時，也將所訂規則複印一份給每位學生家長，並要家長在回條上簽名，表示同意並支持；若家長認為所訂規則有不公平、不合理處，可直接到校和老師共同研討出更好的規則來。

二、班級常規的訂定步驟

班級常規的訂定，除了應行考慮的原則，尚有應行依循的步驟；班級常規有了訂定的步驟，才可能安穩地運作起來。以下即說明班級常規之訂定時，應遵行的步驟。

㈠澄清班級常規的一些重要觀念

教師在班級常規經營中，所發展與建立出來的展現個人風格的常規體系，深受教師自己所秉持的經營理念之影響。因此，教師在建立自己的常規系統或模式之前，必須先對班級常規的一些較為重要的觀念予以澄清，免得因認知上的差距，而影響整個經營成效。班級常規務須澄清的重要觀念有四（金樹人，民 85：304）：

1.學生需要常規

大多數學生都喜歡學習，且也想要有位成人督導他們學習；幾乎所有學生都希望教室中有公平又合理的規定，並希望能確實執行。基於上述學生的需要，為了正向的社會發展與學習效果，學生在學習上不能沒有常規。

2.常規與教學相輔相成

不僅「學生」需要常規，連教師的「教學工作」也少不了它。有關的研究均已顯示，班級的常規經營與學習效果的關係極為密切，教師若欲教學成功，則須先從班級的常規經營著手。教師若能應用現成的許多常規知識和技術，再建立一套展現個人風格的常規模式，善加運用於教學中，不但直接能防止發生在課堂上的許多不良行為，且間接地影響學生參與的程度，使教學暢通無阻，甚少有常規困擾的現象，教師的教學品質均因而提升。此即證明「教學」與「常規」二者具有相輔相成的事實。

3.建立班級常規最重要的靈魂人物是教師自己

在整個常規經營中，庫寧認為對常規經營最具影響或最有幫助的，就是老師的善於常規經營的能力。具有此能力的老師，能營造生動活潑的教室氣氛，讓學生興趣濃厚，心無旁騖地一心向學，使班級常規自然地無為而自化，不必應用外鑠的力量，即能帶動與表現良好的班級常規來。因此，一位常規經營有效能的教師，可以說是建立班級常規最重要的靈魂人物，絕對不可隨便放棄自己。

4.教師之身教重於言教

倡導和諧溝通法的金納指出，有效的常規訓練最重要的成分是教師的身教。凡要求學生要做到的，教師須率先力行、以身作則地先做到；即給學生提供良好的示範，讓學生有學習和模仿的榜樣，往往在見賢思齊之下而增強了學習，班級常規亦因而執行得和諧又有效。此即百「聞」（言教）不如一「見」（身教）的道理，由此顯示教師的身教在有效的常規經營中，確實占有很重要的地位。

仁蒐集相關資料，以了解師生雙方的特質與需求或期望

進行常規經營的教師，尤其是級任導師，雖然有許多現成的常規知識和技能可資應用，但仍有必要建立一套合乎自己需要的常規體系。因此，一開始即要利用各種管道蒐集一些相關資料，如：學生的期望、身心特性、人格特質、家庭教育背景等；還有

家長的社經地位及其對孩子或學校的期望；最後，教師自己所秉持的經營理念和個人所喜好的一套常規系統等，亦須加以考慮。在師生相關資料蒐集充實、考慮因素周全之下，較有助於發展並建立一套展現個人風格的常規體系。

㈢擬訂班規草案

教師依據前一步驟所蒐集的相關資料，再配合學校校規、訓導重點，及社區的特性等，據以擬訂班級常規的經營計畫，此即班規草案，係教師事先想好的一些規則，但隱而不宣。

㈣師生共同訂定班級常規

在剛開學時，先要利用幾天的時間討論與訂定班規；當然，師生均須參與並表達意見與期望。在師生溝通交換意見中，盡量引導學生把老師在草案中希望訂的規則說出來；且對學生忽略而沒想出或提出的規則，教師要製造情境，誘導學生想出來，在師生取得共識後再訂定之。

貳、班級常規的教導

班級常規經由師生共同訂定之後，接著教師即要進行教導，

以提升學生對常規內容的認知層次；即知道哪些行為是不被容許的，哪些行為是大家可接受的，而能有所遵循，往往可減少往後違規行為的發生。以下分別說明教導的原則與方法。

一、班級常規的教導原則

對於班級常規的教導原則，單文經（民 85：239-243）曾依據國外一些研究班級經營的學者之建議，而歸納教導學生熟悉班級常規時，所應遵循的原則有下列六項：

(一)及早教導

對於已定出來的班規，在新的學期開始，學生所面對的新老師、新課程、新教室、新同學、新班規等人、事、物，這一切都充滿著不確定感之際，教師應善加運用學生這份不確定的感覺，及早把班規很清楚地傳達給學生，使學生原本模糊不清的感覺變得較為具體、實在。在一切行動均有班規可資依循之下，學生很快地就能適應而上了軌道。

(二)系統實施

教師宜有系統地、仔細地向學生解說班規中每條規則所代表的意義，及其適用的時機與場合，並提供學生示範、甚至於演練的機會，將使學生對班規內容更加熟練。

㈢把握時機

任何事物的學習均有其關鍵期，若錯過此關鍵期，則學習成效將事倍功半。因此，教師應該把握最佳時機，能適時適地將常規教導給學生，以消除學生那份對新刺激的不確定感，而能迅速地進入狀況，對新的學習較有把握、有信心。

㈣先簡後繁

在開學伊始，教師應安排較簡單易行的活動，讓學生很快即學會，將對學習充滿信心和希望；等到班級的狀況較爲穩定之後，再實施較爲複雜的活動。依此優先順序地教導「班規」，可使學生的學習一帆風順，內心頗有成就感，因而樂於投入學習中。

㈤全班參與

教導一開始，所安排的學習活動，應以全班學生均能參與的活動爲宜。如此，才不會因少數人沒機會學到，不但影響個人心理不平衡，甚至更影響全班學習活動的步調不一致。結果，對於那些沒有學到者，老師還要找時間進行補救教學呢！

㈥融入教學

班級常規經過一次的教導之後，仍要持續不斷地給學生複習

的機會。換言之，教師必須把班級常規的教導亦適時地融入課程教學的計畫之中，在隨時提醒與複習之下，使學生進行各種學習活動時，均記得規則而有所依循。在常規與教學二者相扶持之下，不但促進學生個人的良好行為，且亦提升了教師的教學品質。

二、班級常規的教導方法

有關班級常規的教導方法，依據上述教導原則，擇其要點分述如下：

㈠掌握學習最佳時機

任何學習均有其關鍵期，班規的教導亦不例外。利用剛開學，那來自各方的人馬，尤其是新生班或重新編班的班級，就是和上個學年度相同的班級也一樣，大家都心神未定，又要面對一切新的東西，內心真有模糊不清、無法適應的感受。此刻正是給學生奠立好基礎的學習最佳時機，教師應掌握此關鍵期，將班規教導給學生，讓學生及早就能適應新環境，而順利地上了軌道。教師能在一開學即掌握學習最佳時機，乃是「好的開始是成功的一半」的最好寫照。

㈡善用同時學習原則

　　班規的教導和一般課程的教學一樣，要善加運用「同時學習」原則；即將班規的教導融入於教學計畫時，所擬訂的目標應兼顧認知、技能、與情意三大學習領域，而不要有所偏廢。使學生對於班規的學習，在知識、觀念、能力、習慣、興趣、態度、理想、與情操等方面，均同時有所收穫。換言之，對於班規的教導，教師必須先激起學生強烈的學習動機，再安排多樣化的學習活動，讓學生興趣高昂、心無旁鶩地一心向學（情意），使學生很快地就熟悉了班規的內容（認知），且能實際地落實於學習中（技能）。能善用同時學習原則，將使教師的教學通暢無阻，甚少有常規困擾的現象，教學品質亦因而提升。

㈢善加運用教學媒體

　　班級常規的內容，係以抽象文字呈現，縱然每一規則之後附有行為範例，但也一樣的用抽象文字書寫。一般學生，尤其是國小低年級學生，除非對於抽象教材有具體的經驗，否則，理解較為困難。因此，班規在教導時，必須多運用教學媒體來輔助，藉以使抽象文字具體化，使學生不致會錯意，而能確實了解班規的真正意義，以彌補文字和口述上之不足。譬如：待人誠懇、彬彬有禮、端莊嚴肅等成語，若能使用電化的教具，如影片，或非電化的教具，如圖片、照片、掛圖等。將有助於學生對班規意義的

了解，在知道又印象深刻之下，逐漸地促進了學生的良好行為。

㈣積極地回饋與增強

通常，身為學生者，往往希望教師有較為民主的、真誠的、和藹的教學態度對待他們。教師若能如此，一方面可增強學生的興趣和努力，另方面亦可增進師生關係。根據研究文獻，良性的「師生互動」所建立的適切師生關係，不但有助於學生認知、技能、及情意的學習，且有助於學生對班級的向心力。因此，怎樣去建立合乎時勢所需的適當且良好的師生關係，勢必成為每一位從事常規經營的教師之首要任務。

是故，教師在進行班規的教導時，應保持積極的、熱忱的態度，盡量避免集中焦點在學生的問題上，而是要多施以有效率的教導和讚美；亦即盡可能鼓勵學生，不要以敵對的態度來處理學生的學習問題。在教師積極地回饋與鼓勵之下，往往激起學生更加投入於學習，此即師生相互增強、彼此激盪的正向作用。

參、班級常規的執行

班級常規經由師生共同訂定，再由教師把握時機及早教導，在教導之後，就更有賴教師持續不斷地徹底執行了。以下即分別

說明班規的執行原則及其可行技巧。

一、班級常規的執行原則

班級常規的執行之際，也就是各科教學的進行之時；教師在常規與教學二者分不開，必須邊教學、邊執行常規的同時，欲期二者發揮相輔相成的作用，則宜遵循下列五項原則：

㈠積極勝於消極

教師在班級常規的執行或實施中，對於學生的學習情況，應強調多鼓勵而少責備，即著重積極性的鼓勵而減少消極性的責備，旨在幫助學生以漸進的方式來養成良好適當的學習行為。教師要以積極的方式與學生相處，而盡量避開使用嚴厲的處罰甚至於體罰的方式；即對於好的行為立即給予鼓勵，以激發學生對學習的興趣與努力。至於對違規行為的處理方式，盡量做到下列三點：⑴對事不對人，即應針對情境而不要評斷學生的人品或人格；⑵以適當的引導（支持性）進行行為的矯正，即引導該有的正確行為即可，避免對學生做人身攻擊；⑶必須以冷靜、看輕問題、不責備等方式，先找出原因，再對症下藥。上述教師之積極地鼓勵好的行為與理性地處理違規行為，對班規之執行成效，勢必勝於消極的責備或體罰（金樹人，民 85；邱連煌，民 86）。

(二)改善教導方式

根據施慧敏（民 83）的研究結果發現，教師在班規的執行中，往往較多在關注學生之「學」的部分，較少考慮自己所「教」的部分；使整個學習情境呈現「常規管理重於教學」的趨勢，而少有「教學以達常規管理」的現象。這種「輕教學而重常規管理」的錯誤觀念，中外有關研究均指出，極容易造成教學內容如規則般逐一傳遞而缺乏挑戰性、師生間呈現緊張甚至敵對關係、減少師生彼此互動的正面影響、扼制學生潛能的適當發揮機會、學生因興趣不高使違規行為不斷地發生、教師為處理違規行為而中斷了教學等現象，其結果使教學一直處於趕進度中，學生的學習效果和教師的教學品質，均受到負面的影響。

因此，教師應建立與實踐「教學以達常規管理」的理念，在課前進行教學計畫設計時，要經常試著「改善教學的流程」，設計在教學中加入多樣化且有趣的活動、輕鬆和諧的班級氣氛、及一些幽默感，讓學生會循規蹈矩地沉醉其中，且全力參與那輕鬆快樂的學習，班級常規自然地無為而自化，根本不必應用外鑠的力量，即能帶動與表現良好的班級常規來。

(三)常規與教學雙人行

根據有關的研究顯示，班級的常規經營與學習效果的關係極為密切，有效的經營常規是決定成功教學的一個重要因素（Anderson, Evertson, & Brophy, 1979; Brophy, 1988; 盧台華，民 74；李聲吼，民 77；李德高，民 77；魏麗敏，民 79；張秀敏，民 80；施慧敏，民 83；盧富美，民 87）。由此可見，教師之有效的經營或執行常規，旨在運用常規來扶持教學，而非來妨礙教學。因此，教師進行一般課程的教學時，務必把相關的一些規則亦融入於教學計畫中，使學生能遵循規則而很專心又認眞地進行學習，既不干擾也不妨礙同學的學習，不但促進了學生個人的良好行爲，其學習效果亦跟著增進。此即常規與教學二者分不開，必須同時進行的最大理由。

㈣運用社區資源

由於學校基本功能的實現，常須在家庭與社區成員的價值觀念改變後，才能有效；學校教育的職責，亦常需家庭與社區予以配合，才能達成目的。因此，班級常規的經營，貌似學校教育單獨職責的工作，其實，務必運用社區資源，聯絡家長合作和參與，在親師雙方合作之下共同建立孩子良好的學習行爲。教師有責任讓家長知道孩子在學校的班規內容，與孩子在校的學習行爲及其成果；家長也有責任在家負責督導孩子的學習情形，提供給教師常規執行的參考。如此親師雙方充分地溝通與督導，對常規之執行將增添不少助力。

㈤力求公平一致

對於學生的學習行為，無論是好的行為或違規的行為，教師在處理時，所考慮的獎懲方式，應力求一貫性和公平性，盡量避免讓學生誤以為教師偏心或喜怒無常或前後不一致，而破壞了師生關係。教師能絕不寬容且前後一致地執行班級常規，才能建立教師威信與避免同一違規行為的反覆出現（李錫津，民 79：365；盧富美，民 85：56-57）。

二、班級常規的執行技巧

前述所討論的是教師在常規的執行與教學的進行二者同時展開時，所應遵循的原則，這些執行原則能否運用得當，則須視其執行的技巧了。下面將提出若干有效的班級常規之執行技巧，供作參考：

㈠隨時掌握情況

教師要邊教學、邊執行常規，又要兩全其美，的確是件不容易的事。通常必須敏銳性高、執行技巧又良好的教師，才能對教室內所發生的鉅細事件，隨時知悉無遺；且隨時了解學生的活動，即使視線所未及之外界一切，教師亦瞭若指掌。具有這種能力者，常在問題未產生之前，即已遏止。能隨時掌握整個學習情

況，可說是教師在常規與教學雙人行中的一個很重要的技巧。

㈡重疊處理問題

一個有效能的教師，往往能同時處理兩個或兩個以上性質相類似的問題，不但節省教學時間，且能雙管齊下地做好每一件事情。這種同時兼顧且駕輕就熟的能力，必須靠教師的努力與經驗的累積。

㈢活動變換自然

為了提升學生的學習興趣，教師必須安排多樣化的教學活動，其活動與活動之間的變換步調要自然而順暢；讓學生感覺理所當然，而不至於有突如其來怪怪的，甚至於莫名其妙的感受。

㈣活動連接緊湊

為了持續保持學生的學習興趣，教學一開始，除了引起動機，尚要有配套措施，即要設計多樣化的教學活動。不過，在不同活動的轉換中，教師最好把無關緊要的工作（如分發作業簿、安排課桌椅等）所花的時間縮短，使每一個學習活動彼此之間銜接得很好；讓學生有充分的時間學習，且活動緊湊，每個學生都有事可做，不至於閒著沒事，既感無聊，其違規行為自然產生。為預防或減少學生的違規行為，教師就務必具有活動連接緊湊的執行技巧。

㈤提高團體警覺

通常，學生集中注意力的時間非常有限，教師引起學生強烈的學習動機之後，若沒有其他方法的配合，往往很快的，學生就不感興趣，注意力就渙散了。因此，教師除了「引起動機」，有個好的開始之外，尚須設法持續地使學生全神投入於學習活動中，譬如：力求多樣化的教學活動、善用教學媒體、對於好行為的鼓勵與讚美……等。這種能隨時給學生提高團體的警覺力，乃係教師之一項高度又有效的常規與教學雙人行的技巧。

肆、班級常規的評鑑

班級常規經由訂定、教導、與執行之後，接著即要考核或評鑑其執行績效，以求檢討與改進。

評鑑是一種有系統的、正式的、繼續的歷程；它在描述、蒐集、和分析有用又客觀的資料，並將這些資料轉換成資訊，提供教師價值的衡量，並作反省檢討，以激發教師自求改進的動力。由此可見，班級常規的評鑑，不僅具有回溯性的功能，更是具有前瞻性的引導作用。

班規的評鑑，在過程中有形成性評鑑和總結性評鑑之分；在

人員上有自我評鑑和他人評鑑之別。由於班級之常規經營的內容和範圍，非常廣泛、龐雜、與瑣碎，要鉅細靡遺作一評鑑，並非易事；況且，直到現在尚缺乏適當之評鑑工具，且規準亦難定論，若要展開全面性的評鑑工作，確有困難。

雖然班規的評鑑有不少的困難和限制，但評鑑在常規經營工作中是極為重要的一環。縱然全面性或他人的評鑑工作尚不易展開，但為了解常規執行的績效、正確地掌握執行方向、與發現執行之困難問題的所在，教師本身確有必要針對自己所執行的班級常規進行自我評鑑。至於評鑑時所依據的規準與方法若何？則分別說明如后。

一、班級常規的評鑑規準

班級常規的評鑑，無論自評或他評，均操之於評鑑人員之個人觀點標準，因而易受其個人喜好因素的影響，致有損評鑑的正確性與公平性。所以，為避免主觀因素的影響，教師自我評鑑班規之執行績效時，盡量依據下列的指標（施慧敏，民 83：104-106；盧富美，民 87：58-60）：

㈠常規明確可行

美國德州大學師範教育研發中心（University of Texas Research and Development Center for Teacher Education）所完成的一系

列研究指出，有效的初中及小學班級經營者，特別擅長於開學之初，即妥善地制定適用的規則與程序。這些規則和程序，都很具體、明確，且能確實發生作用；換言之，所制定出來的規則和程序，確實能為班級帶來良好的秩序，學生也都能如期地完成課業。相對地，比較沒有效率的班級經營者，所制定的規則與程序往往比較模糊，且在執行時也無法讓學生加以貫徹（例如：「在適當的地點要表現適當的行為」；「在上課時，絕對不准說話」），使班級孳生一些管教的問題，徒增日後班級經營的困擾（單文經，民 85：215-217）。由上述研究結果可知，所訂定的班規是否具體、明確、與可行，係評鑑班規時所依據的一個很重要的指標。

㈡班級氣氛和諧

教師，尤其級任老師是班級團體的主導者，是改進教室情境的重要人物。因而，良好班級氣氛的建立責任，即落在教師的雙肩上。一般而言，一個民主、仁慈、有責任感與幽默感的教師，比起其他教師往往較易於提供或營造一個富於輕鬆和諧的班級氣氛。從鄭詩釧（民 87）的研究顯示，國民小學教師的班級經營氣氛與其教學效能呈現顯著正相關。可見，教師所營造出來的班級氣氛之良窳，確實影響教學效能的實現至深且鉅。是故，教師所營造班級氣氛的良窳亦為評估班規的指標之一。

⊜學生自主自律

　　評鑑班規的執行績效，即在評量教師的常規經營能力。此能力較高的教師，通常能醞釀生動活潑的教室氣氛，學生置身其中，往往抱著濃厚的興趣，心無旁騖，自動自發地參與學習活動，甚少有違規行為，使班規自然地無為而自化，不必應用外鑠的力量，即能讓學生跨越「他律」的鴻溝，到達「自律」的階段。能培養學生自律能力較高的教師，其所具備的常規經營能力亦較強。因而，學生自主自律之能力的多寡，亦為評估班規的一個重要指標（盧富美，民87：59）。

㈣教學平順流暢

　　班級常規係由師生共同制定，再由教師有計畫、有系統地在態度堅決、意志堅定，與行動乾淨俐落之下，進行教導與執行的。教師若能有效地運用「增強原理」以激勵學生的適當行為，使常規執行成效提升，學生遠離了不當行為，不但教學通暢無阻，甚少有常規困擾的現象，教學品質亦因而提高了。由此可見，班規的執行是否使教學平順流暢，也是評估班規時所不可忽視的一個指標（盧富美：民87：59-60）。

㈤目標易於達成

　　每位教師為滿足教學需要而建立與執行的一套常規系統，雖

然不盡相同，但目標卻一致地均在想盡辦法創造良好的學習環境，讓學生不受環境的干擾，而能專注於學習；使學習時間更爲節省，學習速度更爲加速，不僅提高了學生個人的學習效果，且使教師的教學目標亦因而易於達成。可見，班規執行若得當，在其所具有的許多積極正向的功能中，以「目標易於達成」一項最爲顯著。從班規具有此一顯著功能上，即可證實教學與常規二者關係確實極爲密切（金樹人，民 85；邱連煌，民 86）。要評估班規的執行績效，則可從與班規有密切關係的教學效果中去考慮。換言之，教師之教學目標達成與否，可以說是評估班規之執行績效時，最需要考慮的一個重要指標。

二、班級常規的評鑑方法

　　教學是一種藝術，班級常規經營更是一門高度的藝術，其技巧萬千，運用之妙存乎一心。而藝術最難以評鑑好壞，且易流於主觀，致有損評鑑的正確性與公平性。因此，對班規的執行績效欲作價值判斷的評估時，就教師自我評鑑的方式而言，其評鑑的方法，應不限於教師本人的自我反省檢討而已，而應盡量從各種管道再蒐集相關的資料，作爲客觀、審愼的評論依據。以下將蒐集「班規執行績效」之相關資料的可行管道，分別予以說明。

㈠自我檢討反省

　　教師之自我評鑑，爲了達到有效且客觀公正的評鑑標準，在進行評鑑時應確實兼顧形成性與總結性評鑑。即要隨時運用觀察、晤談、問卷、演示等多樣化的方法，進行相關資料的蒐集與統整分析；從中獲取價值的衡量，並作定期與不定期的反省檢討，且時時加以修正與更新，期能提高班規的執行績效，成爲一位有效能的教師（柯華葳，民 82a：215；施慧敏，民 83：107；盧富美，民 87：60-61）。

㈡ 學生需求調查

　　今日學校教育應創造出讓老師、學生免於基本需求匱乏的教學環境，使學生能滿足隸屬、權力、樂趣與自由之需求（金樹人，民 85）。因此，學校老師不只在新學期開始即要調查學生的需求，再依此需求與學生共同訂定班規；經過勤於教導、悉心執行之後，更要再進行學生需求的調查工作，以審慎評估所訂定的班規是否確實符合學生的心理需求。若符合程度高，學生會對學習活動感興趣，能主動自發地專注於學習，甚少有違規行爲，因而提高了班規之執行成效。因此，調查與蒐集學生心理需求的資料，確爲評鑑班規之執行績效時，較爲客觀的一項可行方法（施慧敏，民 83：106；盧富美，民 87：61）。

(三)同事請益觀摩

　　每位教師由於自己的哲學觀、所喜好的常規模式,與所帶的班級之學生需要等的不同,因而所建立與執行的一套展現個人風格的常規系統亦有別。教師們應多利用機會向有關的同事請益觀摩,從中除了可以分享彼此的經驗與心得之外,尚可徵求同事對自己所帶班級之學生表現的看法,據以評估教師自己的班規執行績效(Grossman, 1990：87-88;施慧敏,民 83：106-107;盧富美,民87：61)。

　　綜合上述可知,班級之常規經營是一個錯綜複雜的歷程,且是一門高度的藝術。進行班級常規的訂定、教導、執行、與評鑑,是班級常規經營者必然所需的經營歷程。它雖然千頭萬緒,惟教師若能妥爲規畫與訂定、勤於教導、悉心執行、審慎評鑑、與詳加檢討改進,便有可能成爲一位「善於常規經營能力」的高效能教師。

第五章

常規經營的實務調查

從前章所述班級常規的經營程序可知，進行班級常規的訂定、教導、執行、與評鑑，乃為有效能的班級常規經營者，必然所需的經營歷程。至於教師們的實際運作情況及經營心得與感想如何，尤其是沒有經驗的實習教師或初進教師，其經營情況及心得與感想怎麼樣，確有必要加以了解。本章係筆者在「國小實習教師班級常規經營問題之研究」中，透過「國小實習教師班級常規經營情況調查問卷」（如附錄一）所得資料的分析，而發現的實習教師班級常規經營情況及所獲得的一些心得與感想（盧富美，民87），藉此機會提出，作為有關學校與教師在班級常規經營上的參考。

壹、班級常規的經營情況

一、在班級常規的訂定方面

　　班級常規的訂定，有必須遵循的一些原則，而首要考慮的是應由師生共同參與並制定，往往較能產生預期的效果。筆者在「國小實習教師班級常規經營問題之研究」（盧富美，民 87：103-104）中發現，實習教師對於班級常規的訂定，所採取的主

要方式為師生均表達期望以取得共識後，再共同訂定者居多，達三成七；由教師主導的訂定方式居次，為三成三；純由學生自行訂定者較少，為二成九。從此研究結果得知，實習教師訂定班級常規，所採取者頗符合學理的方式，且與施慧敏（民 83）的研究結果大致符合，僅在以主導者傾向予以分類比較時，則略有差異（施慧敏為：由教師主導者最多，達四成九，次為師生共同訂定，有三成六，完全由學生自行訂定者最少，僅一成六）。之所以有此現象的產生原因，最主要為研究對象之身分不同所致；換言之，施慧敏係針對國小正式教師，甚至為資深教師進行調查研究，而筆者的研究純針對剛由各師範院校畢業，分發到國小進行一年實習的實習教師為研究對象。由此差異現象可知，對於常規的訂定，國小正式教師較傾向於由教師主導的方式（四成九），而實習教師較符合學理的方式、傾向於由師生一起訂定的方式（三成七）。還有，不同背景的實習教師對於班級常規的訂定方式也有所不同，所採取的方式較傾向於由師生一起訂定者有：實習教師中之女性、任教愈為城市地區者，與學生班級人數為三十一人以上者；所採取的方式較傾向於由老師主導者有：實習教師中之男性、任教愈為鄉下或偏遠地區者，與學生班級人數為三十一人以下者。造成此種差異現象的原因不外乎國小實習教師本來個人的基本特質（性別），加上隨其生活空間──實習情境（任教地區、班級人數）而變化著教學行為（湯志民，民 78）。因此，實習教師之實習空間的安排往往會影響其實習的品質，到底

要如何規畫或安排實習教師的實習學校，是目前新制師資培育法中一個很重要的課題。

二、在班級常規的教導方面

班級常規經由師生一起訂定之後，教師應立即向學生教導。班級常規的教導就像一般學科之教學一樣，必須同時兼顧認知、技能、情意三大學習領域目標的達成，學生才能知行合一地將所學落實於生活中。因此，教師務必多方嘗試且耐心地溝通、提示、叮嚀，或求取支援，甚至於親自以身作則地逐漸引導學生學習，期能收到見賢思齊之效。

在筆者的研究（盧富美，民 87：107）中發現，國小實習教師班級常規的教導最常使用隨時叮嚀和多與師生溝通的方法，較少使用示範、練習，與求取家長配合指導的方法，更少用舉實例說明與一切順其自然而不予教導的方法。由上述現象可知，國小實習教師能因應情況而適時地給予學生提醒，且合乎時代潮流，能透過雙方溝通的管道而進行著班級常規的教導；有關前者——「能適時叮嚀或提醒」，與施慧敏（民 83）的研究結果相當一致，惟後者——「經常採用溝通討論的方法」，在施慧敏的研究結果中卻是較少使用者。造成此種差異現象的可能原因為，兩種研究的對象所扮演的角色不同，一為正式教師，一為實習教師；正式教師較偏向於傳統的權威教育方式，著重教師單方面的講解

與說明，而實習教師剛完成養成教育，才步上導入階段的實習，受到現實的學校文化之影響較少，故教學行為往往較合乎學理的根據。不過，溝通管道是單方面的抑或雙方面的，皆屬於口述上的認知而已，在百聞不如一見之下，尚須給予具體的舉例說明、示範與多加練習的機會，讓學生能將所「知道」的知識實際應用於生活中，才能「悟道」與「得道」，更新了原有的技能——即學習行為。此種知行合一與身體力行，乃是班級常規之經營是否成功的關鍵所在；亦即實習教師有必要率先力行，在身教上立一個好的典範，於無形中自然地感染給學生，使之能見賢思齊，達到班級常規的教導目的。此係身為教師者亟待加強之處。

三、在班級常規的執行方面

班級常規經由師生共同訂定與教師循序漸進地及早教導，並持之以恆地直到學生將常規的遵循視為生活的一部分之後，下一步就是公正無私地執行班級常規了。

有關班級常規的執行，其範圍較為廣泛，擇其要者包括「預防違規行為的常用和有效方法」、「處理違規行為的常用和有效方式」、「矯正違規行為的處罰原則」、「增強良好行為的獎勵方式」、「班級常規的執行方法」、與「執行班級常規的因應措施」等六大項。茲將筆者在「國小實習教師班級常規經營問題之研究」中，有關國小實習教師在執行班級常規時的一些實際作法

（盧富美，民 87：109-124），依此六大項略述如下。

㈠就「預防違規行爲的常用和有效方法」而言

國小實習教師在執行班級常規時，爲預防學生不當行爲的發生，較常使用的有：「隨時了解並掌握學生動態」、「以生動活潑的教學吸引學生學習」、及「發現徵兆能及時制止」等方法；而其中較爲有效的方法爲「生動活潑的教學」。惟「與家長溝通以取得共識與支持」的方法，係實習教師較少使用且認爲較爲無效的方法。此研究結果與施慧敏（民 83）的研究略有不同；即筆者的研究對象國小實習教師較常使用的方法之一者爲「掌握學生動態」，係屬於支持性的班級常規，之二者爲「生動活潑的教學」，係屬於預防性的班級常規，之三者爲「發現徵兆能及時制止」，係屬於糾正性的班級常規；而施慧敏研究對象之國小教師較常使用的方法有二：一爲掌握動態（支持性），二爲及時制止（糾正性）。就理論而言，班級常規可以分成預防性、支持性、與糾正性三個措施，要建立良好的班級常規，此三者缺一不可（金樹人，民 85）。筆者的研究結果頗合乎此理論架構，而施慧敏的研究結果顯示，國小正式教師較缺乏預防性的班級常規措施，似乎較傾向於「班級常規重於教學」的方式。至於教師較少使用，且也認爲較無效的「與家長溝通以取得共識與支持」的方法，係兩個研究結果的相同發現，這個發現頗值得教師深思與探討。身爲教師者應銘記在心，所有的家長均期盼自己的孩子能學

得好，因此，大多數都會支持老師的用心，相信教師所執行的公平而嚴格的常規是必要的，對孩子的學習深具意義且有幫助的，必定會鼎力相助。爲何教師既不常用它又認爲較無效呢？此可能與父母忙於工作，無法扮演好父母角色有關，此亟待學校積極推展「親職教育」以配合落實。

㈡就「處理違規行爲的常用和有效方式」而言

　　國小實習教師在處理違規行爲時，較常使用的方式有：口頭責備與糾正、個別談話與輔導，而較爲有效的是個別談話與輔導的方法。至於要求學生勞動服務、增加功課份量、懲罰、忽視其行爲、予以隔離反省等均係實習教師很少使用也認爲很少有效的一些方式。此研究結果與施慧敏（民 83）的研究結果相當一致，顯示身爲教師者，對於學生違規行爲的處理，多採用理性、平和等較爲積極的方式，藉以幫助學生從中建立正確的行爲來。

㈢就「矯正違規行爲的處罰原則」而言

　　國小實習教師在矯正違規行爲時，經常考慮的處罰原則有：先說明被罰原因、不傷害學生身心、事先訂立懲罰的標準等；而很少考慮到配合行爲的嚴重性施罰及不再重提學生曾犯的過錯等原則。此研究結果與施慧敏（民 83）的研究結果完全符合，在經常考慮的處罰原則上亦合乎學理的根據；即當學生因爲違規行爲必須接受適當的處罰時，教師不但能先向學生說明被罰的原

因，且依事先訂定的處罰標準而施以不傷身心的懲罰。使學生自己能心服口服地承擔不遵守規定，亦即不負責任的行為所帶來的苦果。惟在「很少考慮到的處罰原則」這個觀念與作法上，必須予以澄清；因為在處罰學生的違規行為時，務必配合其違規行為的嚴重性而施罰，且亟需考慮或注意不再重提學生曾犯的過錯等原則。

㈣就「增強良好行為的獎勵方式」而言

國小實習教師絕大多數採用社會性獎賞式，其次為代幣制獎賞式，而較少採用物質性與活動性獎賞式。此研究結果不僅合乎學理的根據，且與施慧敏（民 83）的研究結果相當符合。

㈤就「班級常規的執行方法」而言

國小實習教師經常使用的常規執行方法為強調學生應為自己的行為負責；其次，尚有：主動積極傾聽學生的感受、要求學生對違規行為作反省檢討、實施代幣制獎勵表現良好者等；若以經營模式言之，則實習教師之常規經營模式較傾向於「邏輯後果」模式。由此研究結果顯示，實習教師面對學生的違規行為時，除了教師本身要及時加以處理外，還著重於從旁協助學生從中學習如何為自己的行為負責，期能盡早養成學生自律的習慣。此研究結果頗合乎理論上的依據，且與施慧敏（民 83）的研究結果完全符合。

㈥就「執行班級常規的因應措施」而言

　　國小實習教師在常規執行中，經常做到或因應的教學行為有：隨時提醒並導正不專心行為、進行組間之巡視與輔導、建立榮譽制度等；尚常因應的教學行為有：運用各種方法以持續學生的注意力、多鼓勵少責備使學生樂於學習等。由上述研究結果顯示，國小實習教師在班級常規之執行中，往往較多在關注學生「學」的部分，例如：巡視學生的學習情形、隨時叮嚀並導正不專心行為等；而較少於關注自己（教師）之「教」的部分，例如所安排或提供的教學情境是否營造出輕鬆、和諧、友善的學習氣氛；所準備與運用的教學資源是否能激發學生的興趣而提高學習成效……等。換言之，國小實習教師班級常規之執行情況呈現「常規經營重於教學」的趨勢，而少有「教學以達常規經營」的現象。筆者之研究結果與施慧敏（民 83）之研究發現完全符合，顯示目前班級常規之經營或管理趨勢，係國小教師或實習教師亟待改進與加強之處。

四、在班級常規的評鑑方面

　　班級常規經由訂定、教導，與執行之後，接著必須加以考核其執行績效，以求檢討改進。有關常規之評鑑部分，包括評鑑方法與評鑑規準兩個項目。茲將筆者在「國小實習教師班級常規經

營問題之研究」中，有關國小實習教師在班級常規的評鑑方法及其評鑑標準情況分別說明如下。

㈠就「常規執行績效之評估方法」而言

國小實習教師經常採行自我檢討與反省、彼此觀摩比較等方法；較少採用請益同事之看法、調查學生的想法等方法。筆者之研究結果頗合乎文獻資料中有關評鑑的困難與限制的事實，即目前仍缺乏適當之評鑑工具，且評鑑規準亦難定論。因此，不易全面性展開評鑑工作（朱文雄，民82），使班級常規之評鑑人員局限於教師自我檢討與觀摩比較的範圍內，藉著從相關資料的蒐集、彼此的觀摩比較，及做審慎、客觀的自我檢討與反省等方法中，來考核自己的執行得失，並作為更進一步的試求改變的依據。此與施慧敏（民83）的研究結果相當符合。

㈡就「常規執行績效之評鑑規準」而言

國小實習教師較為重視「良好的師生關係」；其次重視的是：「班規和獎懲辦法清楚明確讓學生知所遵循」、「學生合作而團結」、「學生學習自動且知法」等；較不重視「教學既平順又流暢，且目標也易於達成」此一規準。根據文獻資料中有關的研究顯示，若教師能計畫與實施有效的教學，往往能帶動並表現良好的班級常規，而良好的班級常規又能提升教學品質，易於達成預期的教學目標。由此可見，班級常規與教學效果的關係極為

密切，且二者具有相輔相成的作用，有效的班級常規經營是決定成功教學的一個重要因素（Anderson, Evertson, & Brophy, 1979; Brophy, 1988;盧台華，民74；李聲吼，民77；李德高，民77；魏麗敏，民 79；張秀敏，民 80；施慧敏，民 83；盧富美，民87）。因此，教師之教學是否平順流暢，目標是否易於達成，應該是班級常規執行績效的評鑑規準之一。然而，筆者與施慧敏（民 83）的研究結果均有同樣的發現，即國小教師無論是正式的抑或未正式的教師，均較不以「教學能平順流暢，且易於達成目標」視為常規執行績效的評鑑規準。此極有可能係導致常規經營不僅是實習教師的一大難題（Griffin, 1983; Veenman, 1984; Covert, 1986; Wodinger, 1986; 游自達，民 76；盧富美，民 85），同時，也是許多資深教師所感困惑而較難勝任的工作（Feitler & Tokar, 1982; Jones & Jines, 1990; 郭生玉，民 76；葉興華，民 83；施慧敏，民 83）之一大主因。

貳、班級常規的經營心得

　　任何教師，尤其是級任導師對於班級常規，必須一開學即妥為規畫與訂定，接著勤於教導與悉心執行；經過若干時間，再配合學校行事曆所排定的課業評量（即月考）時間，同時進行有關

班級常規的執行成效之評估與檢討更新的經營策略。無論常規之執行成效如何，從經營的經驗中，每一位教師一定會產生一些心得。筆者在研究中，即發現實習教師經過快滿一年的實習，在常規經營的經驗中，獲得與產生如下五方面所述的心得（盧富美，民 87：129-137、141-143）。

一、在「班級常規之經營情況的滿意程度」方面

國小實習教師對自己班級常規五個層面（訂定、教導、執行、評鑑、與執行績效）的經營情況，均表示「頗為滿意」的程度，其中以「教導」層面的滿意度為最高，以「評鑑」層面的滿意度為最低。在不同背景方面，任教地區愈為偏遠者、班級人數愈多者，對班級常規「評鑑」層面的滿意度則愈低。由上述現象顯示，國小實習教師對自己常規經營情況的滿意度，比較過去有關的研究（葉興華，民 83；施慧敏，民 83；盧富美，民 85）結果，已由中、低或中、下程度提高為中等程度（頗為滿意）。其主要原因可能為：實習教師在師資養成階段，均已修過「班級經營」此一必修課程；至於對常規之評鑑層面的滿意度偏低的可能原因，從文獻資料中可知，適當的評鑑工具直到現在尚付諸闕如，加上評鑑規準亦難以決定，使常規之評鑑局限於自我檢討、反省與觀摩比較中，較無法審慎、客觀地考核自己的經營得失，乃形成對評鑑層面的滿意度有偏低現象的事實。

二、在「造成班級常規之經營困擾的原因」方面

　　國小實習教師認為「班級人數過多」和「級務工作負擔過重」是造成班級常規經營有困擾的主要原因；「家庭的因素」和「學生之積習難改」則為次要的原因。在不同背景的實習教師中，任教地區愈為城市者與班級人數愈多者，均愈以「班級人數過多」為導致班級常規經營有困擾的主要原因。由此可見，在班級人數過多的情況下，往往問題與偶發事項均跟著多起來，且活動空間亦受到限制，使教師經常無法在一定時間內，能經濟有效地處理有關事務與維護良好的學習情境，結果影響了教師教學的效率。因此，欲支援實習教師脫困解厄以提高其教學品質，應積極持續地從降低班級學生人數、減輕級務負擔、加強推展親職教育與生活教育等方面著手。

三、在「易於造成常規混亂的情況」方面

　　許多專家學者均不斷地提出班級常規的重要性來。一般教師亦大都能在開學之初即建立好常規，並積極地教導一段時間，使學生能適應而上軌道（李園會，民 81；謝文全，民 82）。然而，有些時候學生往往會表現出違反常規的行為，而造成整體性的混亂情況，此乃一般教師在常規執行中較感困惑且較難勝任的

時刻。

　　實習教師在常規執行中，認爲最易於造成常規混亂的情況不少，其中最主要者有：由校外教師代課時、學校舉辦慶典活動時、班上發生突發事件時，與剛開學第一週時等。筆者的研究和針對國小正式教師的研究（施慧敏，民 83）均有同樣的發現。由此顯示，身爲教師者應具備多項的因應技巧，以便輕易地解決學生的違規行爲，才能逐漸地消除混亂的情況。

四、在「專業成長的管道」方面

　　國小實習教師有關常規經營的知能，絕大多數係來自「向同事請益」，較少來自「師範院校相關課程的修習心得」或「參加研習活動的進修心得」。由此現象可知，實習教師之常規經營知能的獲取管道，似乎實習學校大於師範院校；此種現象與施慧敏（民 83）的研究結果相當符合。再從國外有關教師社會化之研究亦發現：任教學校顯然比受教學校更爲教師社會化的重要影響機構（林清江，民 70）。可見，實習教師在國小實習期間，除了有師範院校指導人員的輔導外，在實習學校更需要有機會獲得專業素養較高、經驗較豐富、服務較熱忱的教師之協助與輔導，才能使實習的功能發揮出來，順利地完成社會化過程。

五、在「實習教師希望獲得的協助」方面

　　國小實習教師為提高班級常規之執行成效，大多數希望獲得「減輕級務工作負擔」和「在參與研習進行活動時，能安排常規執行技巧與兒童輔導技術的課程」的協助。有此現象，究其原因，一則在工作負擔方面，國小係採包班制，教師的教學負擔已相當沈重，若在中小型學校，教師仍要兼任行政工作的比例頗高，使得授課科目繁多的教師，僅在課前充分準備教學有關的資源時，就足以令人分身乏術，還要兼辦行政工作，哪裡有時間能專注於教學，以有助於常規的執行呢？另則，在參加研習進修活動方面，雖然實習學校或教育行政當局或師資培育機構等均有辦理此項活動，不過，實習教師大都希望能安排在職前教育階段，習得所欠缺而亟待充實的課程，亦即常規經營的「實務」部分，以滿足實習教師的需求而做好班級常規的經營工作。

參、班級常規的經營感想

　　「班級常規」在一開學經由師生一起訂定，接著由教師勤於教導與悉心、徹底執行一段時間後，配合學校行事曆所排出的課

業評量（即月考）時間，亦同時進行常規經營的評鑑工作。無論常規之執行成效如何，從經營的經驗中，每位教師除了會產生上述的一些心得外，尚有一些經營感想。所謂經營感想，即對於常規經營所產生的一些有待加強改進的意見。筆者從研究中，發現實習快滿一年的實習教師，在常規經營的經驗中，獲得與產生下列四方面的建議或改進意見（盧富美，民 87：164-168）。

一、對教育當局的建議

國小實習教師為改善班級常規，而向教育當局所提出的主要建議有三：

㈠盡速達成小班制

實習教師在一年的實習經驗中，發現「班級人數過多」是造成班級常規經營有困擾的主要原因之一。因而乃建議教育當局應積極降低班級學生人數，亦即盡速達成小班制。

所謂小班制，意指加速縮減班級學生人數。目前班級人數雖縮減了不少，但仍有持續縮減的必要。

㈡國中與國小教師之工作負荷宜趨一致

實習教師非常希望國小能和國中一樣，有職員的編制可負起一些行政工作，以減輕教師的工作負擔，使仍採包班制教學的國

小教師，能有較多的時間專注於教學，以落實「教學以達常規管理或經營」的理念。

(三)具體明確的規定適度體罰的原則

其實，體罰並非百害而無一利，它可能會造成生理上的痛苦，不過體罰的規定僅在給予學生選擇自己行為的自由，也在教導學生若選擇了不良行為，就必須承受後果，從中逐漸地培育出能為自己行為負責的「責任感」。因而，明定適度體罰原則係屬於「預防性」的常規，可防止不良行為的發生。若有關單位對體罰一再明令禁止，學生可能有恃無恐，使班級常規產生惡化的現象，增加教師常規經營的困擾程度。基於此，教育行政當局確有必要將適度體罰以法令予以規範之，讓學生能有所遵循與選擇，以達到「一分的預防可抵過十分的補救」之功效。

二、對師資培育機構的建議

國小實習教師在所提出的改進意見中，屬於給師資培育機構建議的，共有下列兩項：

(一)宜增設常規經營課程且列為必修

國小實習教師過去在師範院校就讀期間，雖然已修習過「班級經營」課程，不過班級經營係包括行政經營、教學經營、常規

經營、環境經營,與人際關係經營等五個層面,其範圍廣泛,且內容繁多,再加上修習時間僅一個學期每週兩節課而已,使得所學有限,尤其是與教學息息相關的常規經營之知能,更是欠缺。難怪國小實習教師有關常規經營的知能,大都係來自「向同事請益」,而較少來自「班級經營課程的修習心得」。由此顯示,為提高教師教學品質,須先從與教學息息相關的常規經營著手,且著手的第一招,即師資培育機構有必要開設「班級常規經營」課程,此乃應事實之所需。

(二)教育實習課程應強化班級常規之實務部分

實習教師大部分係在經驗中學習與成長。有感於過去在師範院校理論課堂中,教授很少讓學生(即國小實習教師)體驗到理論的應用面,在教育實習中,學生誤以為理論與實際是兩相對立,故不知某一實作的理論基礎何在,致未達到理論與實際驗證的目的;實習教師進入國小任教之後,面對難題時,在同事偏於現實取向下,似乎又興起理論無用的錯誤念頭。因此,乃提出師範院校之教師有必要加強臨床經驗,即在指導理論課程時,應配合應用層面,而反映出實務;在指導教育實習課程時,雖盡是實務的操作,但大都偏於各科之教學,而較缺乏班級常規之執行部分,故希望在指導「教育實習」課程時,應強化班級常規的實務操作部分。

基於上述實習教師對「教育實習課程應強化班級常規之實務部分」的建議，筆者乃在講授「班級經營」課程時，即要求學生在集中實習時，一定要加強「班級常規」的經營工作，並在集中實習之後，提出「兩週集中實習之常規經營心得與感想」（如附錄二），以作為日後加強與改進常規經營的依據。

三、對實習學校的建議

　　為提升常規之執行績效，國小實習教師向實習學校的建議，主要有三：

㈠多提供實習教師參加相關之研習進修活動的機會

　　實習教師基於個人常規執行經驗的缺乏，而需要吸收更多的實務經驗與新知，使常規執行能得心應手，乃提出此一意見──「多提供研習進修活動的機會」。

㈡盡量能建立一套全校性的常規經營計畫

　　實習教師為帶好一個班級，必須先經營好班級常規，往往在開學之初就要建立班級的常規計畫，卻因實務經驗的缺乏，雖說有許多常規知識和技能可資應用，但就在於怎麼去加以組織以融入能夠滿足師生需要的一套系統中。因此，實習教師希望實習學校能先建立一套全校性的常規系統，讓他們有機會參與學校的常

規計畫行列，從中分享同事的豐富經驗，且使自己的班級常規計畫能有所遵循。基於學理與事實，實習學校確有必要率先建立一套全校性的常規計畫。

㈢加強實施親職教育

今日之父母，或因能力不足或因忙於工作而沒有時間給孩子適當的教導，使之無法勝任、愉快地扮演父母角色。這項「家庭的因素」是造成班級常規經營困擾的三大原因之一，所以實習教師認為實習學校有必要積極推展「親職教育」，向學生家長提供與宣導一些正確的管教理念與方法，並可藉此與家長溝通有關教師在孩子班級的常規經營理念與作法，以取得共識、支持與配合，在親師雙方共同合作之下，有助於教師之常規經營，而較易於達成其目的；亦即讓孩子能專心於課堂活動，能為自己的行為負責，而表現出良好的人際關係來。

四、對實習教師自己本身的建議

為提升常規之執行成效，實習教師也給自己提出若干的改進意見，其中較為主要者有以下三點：

㈠多向同事請益

實習教師由於經驗缺乏，其常規經營有困擾是很正常的事，

他們希望從不斷地向同事請益中，分享他人的成功經驗；此即實習教師在紓解困境中之一項最好、最快速的管道。

(二)多跟家長聯繫與溝通

實習教師感受到經營班級常規時，務必聯絡家長合作與參與，在親師雙方充分溝通與督導之下，將有助於常規之執行成效。因此，要求自己要多跟學生家長聯絡，希望從親師溝通與合作中，雙方能一起陪著孩子走出一條成長的路來。

(三)盡量讓學生從合作中學習

學生在異質性分組之下，進行著彼此溝通、互動的合作學習，不僅增進了個人的學習成果，且在不知不覺中潛移默化的培育出較多的合作行為，更從合作行為中，自然地帶動與表現出良好的班級常規來。此種合作學習法，往往能讓教師實踐「教學以達常規管理」的理念，不但教學順暢，甚少有常規困擾的現象，亦因而提升了教學品質，使教師自然地成為有效能的老師。因此，實習教師建議自己在教學中，多讓學生從合作中學習，此即讓自己進行有效教學的不二法門。

第六章

高效能教師之常規經營的發展趨向

面對廿一世紀中、小學九年一貫統整課程與協同教學的實施，身為教師，到底在班級常規的經營上，應有怎樣的調適與改善，甚至於創新，幾乎已成為新世紀的學校教育改革中，一項為大家所關注的焦點。

　　綜合晚近的一些研究結果（Pearson, 1990; Comer & Haynes, 1991; Johnson & Johnson, 1991; Raffini, 1980, 1996; 李輝華，民 83；施慧敏，民 83；金樹人，民 85；張德銳，民 85；單文經，民 85；邱連煌，民 86；林麗寬，民 86，鄭詩釧，民 87；盧富美，民 86、87），發現能有效進行班級常規經營而成為一位高效能教學者，其在常規經營上大都具有「慎重重視班級常規」、「營造和諧班級氣氛」、「力採合作學習方法」、「遵循常規經營程序」、「運用邏輯後果模式」、「展領導式教學風格」、「常規與教學雙人行」、「強調身教重於言教」、「善用家長人力資源」、與「積極追求專業成長」等十個發展趨向。茲分別說明如下。

壹、慎重重視班級常規

　　「班級常規」雖不包含在學校的正式教學課程之內，但它在質上，不但融合在各科教學之中，且占有相當重要的份量，確

實可說是一種典型的潛在課程（張笑虹，民 84：147-148）。何以見得呢？因為它雖不是學生依照班級功課表而直接學習的教材內容，但卻直接影響著每一節課的進行是否順暢，更間接影響學生的學習效果是否理想。換言之，教師整個教學的運作及學生的學習效果等，幾乎均受到班級常規的影響。又根據有關的研究顯示，教學效能傑出教師在管教學生方面都非常成功（李輝華，民 83：作者的話 1-2）。所以，班級常規雖是非預期的或非計畫的正式課程，但它所發揮的境教功能，有時往往大於正式課程所預期之效果。身為教師者，應以慎重的態度重視「班級常規」，即在開始接到一個新班級之際，就要建立一套能滿足學生需求的班級常規系統，把學生帶往「好的開始是成功的一半」的途徑，讓學生很快就能適應新環境，而順利上了軌道。接著更讓學生能在一個溫暖、被關照與不被干擾的教學情境中進行著快樂的學習；相對的，教師也能很滿意、很安心地進行著教學。

貳、營造和諧班級氣氛

　　班級氣氛係指班級社會系統中，團體成員彼此交互影響的結果，久而久之形成的一種能夠為團體成員所知覺、所感受到的心理特質、傾向和風氣。它是一個多元、複雜且可測量的概念。

由於教師是班級經營過程中的領導者，對於良好班級氣氛的營造，責不可貸。從鄭詩釧（民 87）的研究顯示，國民小學教師的班級經營氣氛與其教學效能呈現顯著正相關。可見，教師所營造出來的班級氣氛之良窳，確實影響教學效能的實現至深且鉅。所以，教師在整個教學過程中，應盡量做到下列兩點，以提供良好的班級氣氛，而有助於教師之教學效能的提升。

一、建立真誠融洽的師生關係

班級中雖然由教師與學生共同組成，不過，教師主導的因素較大。因此，在不同的學校班級組織型態中，只要教師真誠關懷學生，主動參與學生活動，贏取學生信任，並且作風公正，無所偏愛，師生之間一定能建立融洽的關係，不但有助正面班級氣氛的營造，更有利於學生的學習。

二、營造積極和諧的同儕關係

學生每天從上學到學校學習至下午放學回家為止，每天至少有三分之一的時間處於學校中，其中又有大部分時間留在班級與同學一起學習。因此，學生的學校生活是否愉快，往往與其同儕關係息息相關。身為教師者，應隨時開導學生，使學生具有正確的學習理念，並適時化解學生彼此之間的誤解或衝突，從中協助

學生建立積極進取、和樂融融的同儕關係。讓學生在充滿快樂的環境中學習，不僅能與同學互勉互助，在潛移默化中培養出更多的合作行為，更有助於學生健全人格的發展，及教師教學品質的提升。

參、力採合作學習方法

傳統的教學往往使學生較偏於個別取向的學習，而教師亦一直以個別學生為單位的進行教學評量，其結果易形成同儕之間敵對的立場與彼此較為疏離的關係。學生對於這種不易取得同儕的接納與他人引導的個別取向學習，往往逐漸地不感興趣且不積極主動地參與學習活動，結果降低了學習效果，違規行為也就相對產生，更出現了教師最感頭痛的班級常規問題來。因此，學者認為大多數的班級常規問題，係起因於不當地使用競爭與個別化的目標結構，而少用合作的目標結構之故（Johnson & Johnson, 1991: 205）；而國小教師有感於常規執行上的需要，則建議自己盡量提供學生從合作中進行學習（盧富美，民 86：183），此乃因國小教師們深深感受讓學生個別取向的學習，對個人、對團體都沒有好處。

總而言之，在「獨學而無友則孤陋而寡聞」的古之明訓下，

今日教師運用「合作學習教學法」係勢在必行，因為輔導學生
「如何與人合作學習」比「自己孤軍奮鬥」來得重要。從彼此溝
通、互動地進行合作學習中，不僅可增進同儕之間彼此的關係與
了解，且每個人均有自己的績效責任與同等的成功機會，在不知
不覺中潛移默化地培育出更多的合作行為；更從合作行為中，帶
動與表現出良好的班級常規。合作學習所改變的不僅是個別學生
的行為而已，更是整個班級學習氣氛的重新塑造，而有利於教學
功能的實現。

肆、遵循常規經營程序

　　從前述第四章「班級常規的經營程序」中，可知要成為有效
的常規經營者，其必然所需的經營步驟有下列四項（單文經，民
85：215-218；盧富美，民87：47-61）：

一、班級常規的訂定

　　一開學即由師生共同參與並制定。

二、班級常規的教導

教師及早教導所訂出來的常規，旨在提高學生對常規內容的認知層次，往往可收因知法而守法與崇法之效。

三、班級常規的執行

常規教導之後，學生都了解其內容，此時就可以開始執行常規了。常規的執行也就是教學的進行，換言之，「常規」與「教學」二者開始相扶持的雙人行了。

四、班級常規的評鑑

常規執行一段時間後，其成效如何？則有必要配合學業成績的考核時間（即月考），也同時進行常規的評鑑，以求檢討與改進。

教師在常規經營上務必遵循上述四個程序，即妥為訂定、勤於教導、嚴格或徹底執行、與審慎評鑑，再加上對評鑑結果的檢討與改進，使常規經營得較有成效，在常規與教學相輔相成之下，必然有助於教學品質的提升。

伍、運用邏輯後果模式

　　有關學生的管教問題，一般教師習慣以獎賞和懲罰的手段，來管束學生的行為。這種作法在影響與管制學生的言行和學業上，似乎相當有效。不過，教師若是過度依賴獎賞，那只能激發學生處於被動的外在誘因；或是長期使用懲罰以強行制止學生的不當行為，結果更容易陷學生於他律的窠臼。換言之，凡事讓學生習慣於遵從教師的權威，事事看人臉色、仰人鼻息，其結果往往無法培養學生為自己的言行負責與自律自主的精神來。因此，杜瑞可斯（Rudolf Dreikurs）等人（Albert, 1989; Dreikurs, Grunwald, & Pepper, 1982; Raffini, 1980、1996）皆建議，有關學生的管教問題，教師應盡量利用行為本身所產生的自然結果或邏輯後果（logical consequence），使學生從中去體驗行為與後果之間的密切關係，進而養成對自己行為負責的態度。總而言之，杜氏等人認為教師宜運用「邏輯的後果」取代「獎賞與懲罰」，以引導學生有正向的學習行為表現。

　　由上述杜氏等人的建議可知，教師要引導學生往正確的學習行為表現時，應盡量運用「邏輯的後果」以替代「獎賞與懲罰」，亦即要做到下列兩個要點：

一、以「邏輯後果」代替「懲罰」，以建立因果效應的理念

對於學生的違規行為，教師在處理時，一概不可使用「懲罰」強行制止，而應以「邏輯後果」代替之，可從中逐漸地讓學生具有因果效應的理念。因為懲罰是武斷的，學生易生反感；邏輯後果是合理的，學生較易於接受，使其運用效果良好。舉例來說，如果學生遲到，教師就要求這名學生在放學之後，延遲回家的時間，作為其應得的邏輯後果；又學生隨意亂丟紙屑，教師就要求該名學生撿起自己亂丟的紙屑，就是該名學生應得的邏輯後果；再者，對於功課沒做完的學生，教師即要求他們利用下課時間補寫完畢，這也就是學生應得的邏輯後果。其他如：損壞公物必須賠償、下課時間吵鬧就撤銷下課可休息的權利……等，上述均是學生有其因必有其果的「邏輯後果」的作法。

二、以「鼓勵」代替「稱讚」，以預防不良行為的發生

鼓勵（encouragement）是教師以親切的語氣，在適當的時機，對學生的行為表現給予支持與肯定；其所著重的是學習過程而非學習成果，是學生的努力而非成就。鼓勵的結果，讓學生有

較大的勇氣去嘗試與學習，亦即可激發學生的內在動機（邱連煌，民86：116），終而養成自動自發的學習興趣。

至於稱讚（praise）是在學生之學習有成果後，教師所給他的一些嘉許之言。其所著重的正與鼓勵相反，是學習成果而非學習過程，是成就而非學生的努力。教師對學生多稱讚的結果，往往會產生一些後遺症，即學生會為獲老師的稱讚才努力，若老師忘了及時稱讚他，他就放棄了學習而不努力了。換言之，稱讚只能激發學生處於被動的外在動機，而無法提升其自我實現的內在慾望（邱連煌，民 86：116），結果讓學生停滯不前，永遠長不大地沒有責任感。

由上述可知，教師在剛開學與學生共同訂定班級常規時，就必須妥為設計各項行為的邏輯結果，且更進一步地對所訂出來的班規作清楚、明確的解釋與說明（即班規的教導），使學生對班級常規有透徹的了解，以達因知法而較能守法與崇法的目的。常規在執行中，若遇有違規行為時，應以「邏輯後果」處理之；經由徹底執行一段時間後，學生就會習慣成自然，把自己的行為規範內化而成為其人格的一部分，不必再仰賴外在的「懲罰與獎賞」，終能滋生出責任感來。

陸、展領導式教學風格

　　通常，教師們認為班級常規最嚴重的問題，並非學生反抗的行為，而是學生學習意願低落、參與學習的動機較弱；而學生們則反應，教材的難易並非學習的最大困難，問題就出在學習內容太無聊了。針對上述師生雙方的說辭，可知造成班級常規有困擾或有問題，係出在學習活動並不能滿足學生的心理需求（金樹人，民 85：229-230）。此種教學風格屬於「老闆式」的教師，限制了學習過程的創意、融會貫通和品質，在心理需求無法滿足之下，使學生常會覺得學習是件無聊的事，而不願學習。因此，美國一位精神治療醫師格來塞在其《高品質學校》（*The Quality School*）一書中，特別強調老師的教學風格應趨向於「領導式」，盡量提供學生大量的支持與鼓勵，而不是用強迫或處罰來引導學生學習；讓學生的心理需求獲得滿足而願意留在學校裡進行高品質的學習。能如此，班級之常規問題便可大量減少，且易於處理。由此顯示，教師之教學是否有效能，往往與其所採行的教導方式有關。儘管每位老師都學到一些好的常規技術，有些人卻要花不少力氣去努力執行；另外一些人好像對班級常規沒費太大心思，常規之執行成效卻不錯，鮮有麻煩事情發生。原來這種

能帶好一個班級的老師，是重視事前防範的老師，亦即他們能預感問題的發生，而能事前採取預防的措施。他們幾乎是時時都在考慮到怎樣提高教學效率的老師，也經常試著「改善教學的流程」，結果在教學中會加入許多有趣的活動、輕鬆的氣氛，及幽默感，讓學生會循規蹈矩地沈醉其中，且全力參與。透過教學流程一再改善的老師，逐漸地由「老闆式」趨向於「領導式」的教學風格，當然教學效能亦跟著再提升。這種扮演領導式的教師往往能強烈地引發學生高度的學習動機，此係進行有效教學的不二法門（金樹人，民 85：232）。在課堂上，領導式教師大部分的時間多花在生動有趣的學習活動及提供協助、服務上，以不強迫、不敵對的態度，提供兒童成功、快樂的學習經驗，使班級常規自然地無為而自化，根本不必應用外鑠的力量，即能帶動與表現出良好的班級常規。

　　總而言之，展現領導式教學風格的教師，由於能運用有效的教學以達常規管理，因此，其教學不但順暢，甚少有常規困擾的現象，亦因而不斷地在提升教學品質，使自己逐漸成為一位高效能的教師。

柒、常規與教學雙人行

　　班級常規在經由師生共同訂定，再由教師把握時機的及早教導之後，接下來的是常規的執行與教學的進行時間了。由於有效的經營常規是決定成功教學的一個重要因素（Anderson, Evertoson, & Brophy, 1979; Brophy, 1988；盧台華，民 74；李聲吼，民 77；李德高，民 77；魏麗敏，民 79；張秀敏，民 80；施慧敏，民 83；盧富美，民 87），所以，此時的教師可運用常規的執行來扶持教學的進行，使常規與教學二者能同時並進地雙人行了。至於要如何雙人行呢？最好做到下列兩個要點：

一、將相關的一些常規亦融入於教學計畫中

　　教師在進行一般課程的教學時，務必把相關的一些常規融入於教學計畫中，使學生能依循班規以進行學習。譬如：學生要如何做好課前準備、進行各種學習活動時應行遵守的常規……等均列入教學設計內，以便在教學進行時依所列入的常規，給學生特別強調與提醒。

二、邊教學亦邊徹底地執行常規

　　教師在教學中，對於表現好的學生，應立即給予肯定與鼓勵；對於有違規行為的學生，宜運用「邏輯的結果」代替「懲罰」，以引導學生有正向的學習行為表現。

　　在常規與教學二者確實雙人行之下，讓學生不僅有班規可資依循，又有老師適時的鼓勵，大多能專注於學習，甚少有違規行為的出現，使得教學暢通無阻，不僅直接促進了學生的良好行為，且間接讓學生的學習效果與教師的教學品質亦跟著增進。此乃「常規」與「教學」具有相輔相成的作用，而必須同時進行的理由。

捌、強調身教重於言教

　　倡導和諧溝通法的金納指出，有效的常規訓練最重要的成分是教師的身教。從金納的看法顯示，在訓練與培育學生有良好常規的過程中，雖然缺少不了教師的言教，但教師的身教卻更為重要。為什麼？其理由約有下列三點（李輝華，民 83：21-24）：

一、身教較具有感染性

　　教師之身教是一種潛在課程，它直接把言教落實於日常生活中，成為學生在學習上的一部「活教材」，可使學生耳濡目染、達到潛移默化之效。因而，身教所發揮之境教功能，往往大於學校正式課程所預期之效果。

二、身教本身具有示範作用

　　學生在求學的過程中，教師係其崇拜、模仿的偶像。教師身教所立下的榜樣，在學生不斷模仿之下，自然產生「名師出高徒」的效應來。因此，有怎樣的教師，就有怎樣的學生，此乃身教具有示範作用所使然。

三、身教比言教更具說服力

　　言教是抽象的，身教是具體可見的，它可彌補抽象文字在口述上的不足，也因而提高了它的說服力。

　　基於身教重於言教的理由，身為教師者，凡要求學生要做到的，必須自己率先力行、以身作則先做到，以提供學生良好的示

範，讓學生有學習與模仿的好榜樣，往往可達見賢思齊之效，班級常規亦因而執行得和諧又有效，此即百聞（言教）不如一見（身教）的道理。由此可知，教師的身教在有效的常規經營中，確實占有很重要的地位。

玖、善用家長人力資源

家長是學生生活中最重要且最具影響力的人，其對學校教育的支持與否，往往會明顯地影響學生在校的學習行為和表現（張德銳，民 85）。

由於社會的進步、教育的普及，現今的家長大都受過良好的教育，且也樂於協助教師教導其子女，唯其不知如何插手而已。家長之樂於協助的議題，係教師之教學成功的先決條件；因為家長的支持與協助，往往增加了教師可利用的資源（Pearson, 1990），包括可補充學校人員在各種方案上專業技能的不足（Comer & Haynes, 1991），且可彌補學校教育在時空上所受到的限制。譬如教師對學生所實施的「改善學生不良行為的輔導方案」，家長可協助教師在家中實施，如考試成績進步即給予孩子所喜歡的東西為增強物、以禁看電視處罰孩子的晚歸行為等，其執行成效必然事半功倍，即遠較由單獨一位教師所進行的成效還

要多。

　　由於家長可以說是教師有價值的人力資源，是故，教學有效能的老師往往會秉持著「家長是教育合夥人」的理念，而體認到家長參與學生學習活動的重要性，能一方面增強與家長的聯繫，建立良好的親師關係；另一方面又善用家長的人力資源，將之納為教學資源。親師雙方攜手投入學生的學習中，彼此很自然地成為教學工作的協助夥伴、教學資源的支持夥伴、共同成長的學習夥伴、與為孩子的成長而盡心盡力的最佳拍檔，使得教師的教學效果因而相得益彰。

拾、積極追求專業成長

　　在新世紀中，教師欲成為一位常規經營和諧又有效、教學進行順利又成功者，無庸置疑的，將取決於在常規經營上，是否能不斷地吸取新知，以及能否終其一生地學習與適應（林麗寬，民86）。是故，身為教師，必須不斷地充實自己，以汲取新知與成長專業，讓明日充滿著無限可能，且讓「常規」與「教學」雙人行的美夢成真，更讓自己很驕傲地成為一位高效能教師。

　　至於要如何使專業成長既順利又滿意，其基本條件和一般課程的教學一樣，要運用「同時學習」原則，將認知、技能與情意

等三大學習領域的目標，能如下述，面面俱到地同時兼顧（盧富美，民 86、87）。

一、率先力行、以身作則（情意）

通常，所謂好的老師不只授課而已，還要以身作則，熱忱參與學生的學習活動，讓學生見賢思齊地也對學習產生興趣。同時，不僅要求學生，也要求自己要趕上時代，持續不斷地進行自我導向的學習與成長。教師之此種身教所發揮潛在課程的境教功能，往往大於學校正式課程所預期之效果。如此正面的師生互動，不但營造了良好的學習情境與氣氛，且提升了師生關係與教學品質。可見，教師教學的熱忱，在其專業成長的整個歷程中，確有其持續性的需要。

二、汲取新知、充實自己（認知）

由於科技新知是瞬息萬變的，教學要求是推陳出新的，專業知能是一日千里的；使得教師之職前養成教育所得到的知識，要終生受用一輩子，已漸感不可能。是故，教師必須不斷地利用時間汲取新知以充實自己，此在追求專業成長中，有其絕對迫切性的需要。

三、知行合一、身體力行（技能）

　　一般言之，學習不能僅止於認知領域的「知道」層面而已，光獲取一些知識是不夠的，尚須知行合一、身體力行地「行道」；亦即將所知道的知識應用於教學情境中，才能「悟道」與「得道」地更新了技能。教師之追求專業的成長，也一樣不能光靠自我導向的終生學習所得的知識而已，同時更要將所知者，具體地應用於教學情境中；若此知識未能落實於實際教學中，則知非真知、能非真能。換言之，一切真實的能力，均須靠自己積極去求得的，有幾分的「自求」，方能有幾分的「真得」。由此可見，教師自己身體力行的「行道」，在專業的成長上，確有其具體性的需要。

　　從上述可知，在追求專業成長上，除了要有持續性的教學熱忱，與不斷地利用時間汲取新知以充實自己之外，尚須將所獲得的知識，實際運用於教學中，以更新教學技能而達到純熟程度。若光靠「知道」而不去「行道」（做）的話，想要「悟道」與「得道」是不可能的事。進行「在職進修」以汲取新知也一樣，不僅在觀念上要突破，在目標上要超越，更要在做法上有所創新，能如此的知行合一與身體力行，乃係教師之「專業成長」是否成功的關鍵所在。

本章前述所提出有關高效能教師在常規經營上的一些發展趨向，主要目的是在提醒教師們，能隨時在教學過程中反思，常常自我探尋、自我檢視：我的常規經營的發展方向若何？是否符合高效能教師之常規經營的發展趨向，且對於不盡理想的地方，有否作不斷的調整或作必要的改變。教師若能這樣，其班級常規經營就不致再陷入困境，也絕不再有「教師難為」的感受。

　　總而言之，處於由威權時代轉入民主時代的教育轉型過程中，身為教師應該要常保一顆積極向上的心，能不斷的汲取新知與充實自己，絕不要在常規經營遭遇挫折時而低頭讓步，更不可對教育失去熱忱、對自己失去信心而輕易地放棄了自己。「路是人走出來的」，期盼教師在經營班級常規時，能隨時不斷的「突破觀念、超越目標、與創新作法」，且真正做到常規與教學二者相扶持的雙人行，其結果必然有助於教師之教學品質的提升，而如願的成為一位高效能教師。

參考書目

壹、中文部分

方炳林（民 65） **普通教學法**。台北市：教育文物出版社。

朱文雄（民 82） **班級經營**。高雄：復文書局。

朱品瑛（民 83） 國小班級的常規管理。載於黃政傑、李隆盛主
　　編：**班級經營──理念與策略**，頁 247。台北：師大書苑。

邱連煌（民 86） **班級經營──學生管教模式、策略、與方法**。台
　　北：文景書局。

吳清山等（民 82） **班級經營**。台北：心理出版社。

吳清基（民 79） **教師與進修**。台北：師大書苑。

吳　鼎（民 63） **教學原理**。台北：國立編譯館。

李咏吟、單文經（民 84） **教學原理**（修訂版）。台北：遠流出
　　版社。

李園會（民 81） **班級經營**。台北：五南出版社。

李德高（民 77） **教育心理學**。台北：五南出版社。

李輝華（民 83） **教室管理**。高雄：復文書局。

李錫津（民79） 班級常規輔導。載於吳清山等著：**班級經營，**頁319～396。台北：心理出版社。

李聲吼（民77） 教室管理的概念與模式。**工業與職業教育，**第6卷第6期，頁35～40。

林明憲（民83） 班級常規。載於台灣省政府教育廳編印：**班級經營理論與實務，**頁349～352。

林清江（民70） **教育社會學新論。**台北：五南出版社。

林進財（民87） **班級經營—理論與策略。**高雄：復文書局。

林麗寬（民86） **學習革命。**台北：中國生產力中心。

金樹人譯（民85） **教室裡的春天。**台北：張老師出版社。

柯華葳（民82a）班級常規管理的思考歷程。載於黃政傑、李隆盛主編：班級經營—理念與策略，頁213-228。台北：師大書苑。

施慧敏（民83） **國民小學班級常規管理之研究。**國立台灣師大教育研究所碩士論文。

郭生玉（民76） 教師工作心厭與背景因素關係之研究。**師大教育心理學報，**第20期，頁37～54。

陳木金（民88） **班級經營。**台北：揚智出版社。

教育部等（民75） **國民小學訓導工作手冊，**頁52～55。由教育部訓育委員會、省教育廳、台北與高雄院轄市教育局等協同編訂。

黃政傑、李隆盛（民82） **班級經營—理念與策略。**台北：師大

書苑。

張秀敏（民 80） 給國小初任教師教室管理的建議。**國教天地，**
第 90 期，頁 27～32。

張笑虹（民 84） 班級團體的常規輔導。載於市立台北師院主
編：「**班級經營理論與實務**」研討會論文集，頁 141～160。

張德銳（民 85） 有效能的班級常規經營策略。載於市立台北師
院主編：「**班級經營理論與實務**」研討會論文集，頁
137～149。

張德銳（民 85） 淺談建立親師合作關係的幾個做法。**學生輔導**
雙月刊，第 45 期，頁 84～89。

單文經（民 85） **班級經營策略研究**。台北：師大書苑。

游自達（民 76） **國中實習教師工作困擾問題之研究**。國立台灣
師大教育研究所碩士論文。

湯志民（民 78） 淺談教室管理。**師友**，第 278 期，頁 8～10。

葉興華（民 83） **國小級任教師班級管理問題之研究**。國立台灣
師大教育研究所碩士論文。

鄭玉疊、郭慶發（民 83） **班級經營—做個稱職的教師**。台北：
心理出版社。

鄭詩釧（民 87） **國民小學班級經營氣氛、教室衝突管理與教師**
教學效能關係之研究。國立台灣師大教研所碩士論文。

謝文全（民 82） **學校行政**。台北：五南出版社。

蔡培村（民 79） 創造人性化的教學情境以促進有效教學。**高市**

文教，第 40 期，頁 25～32。

盧台華（民 74） 肯定紀律訓練在教室管理上之運用，**特殊教育季刊**，第 15 期，頁 30～33。

盧富美（民 84） **比較不同科系出身之國小實習教師的通才化素養**。行政院國科會專題計畫研究成果報告（NSC 83-0111-S-023-005）。

盧富美（民 85） 談班級經營中的「常規經營」問題。**教師之友**，第 37 卷第 2 期，頁 8～14。

盧富美（民 85） **結業科系不同之國小實習教師班級經營效能之比較研究**。行政院國科會專題計畫研究成果報告（NSC 85-2511-S-023-009）。

盧富美（民 86a） 落實情緒教育之有效途徑。**教師之友**，第 38 卷第 1 期，頁 21～30。

盧富美（民 86b） 創造兒童快樂心境的有效途徑。**教師之友**，第 38 卷第 5 期，頁 19～21。

盧富美（民 87） **國小實習教師班級常規經營問題之研究**。行政院國科會專題計畫研究成果報告（NSC 86-2511-S-023-006）。

蘇敬昌（民 83） 班訓與班規的有效訂定與實施。載於台灣省政府教育廳編印：**班級經營理論與實務**，頁 103～105。

魏麗敏（民 79） 給初任教師的一席話——談班級經營與輔導技術。**諮商與輔導**，第 57 期，頁 44～45。

貳、英文部分

Albert, L. (1989). *A teacher's guide to cooperative discipline*. Circle Pines, MN: American Guide Services.

Anderson, L., Everston, C., & Brophy, J. (1979). An experimental study of effective teaching in first-grade reading groups. *Elementary school journal, 79,* 193-223.

Ausubel, D. P. (1960). The use of advance organizers in the learning and retention of meaningful verbal learning. *Journal of educational psychology, 51,* 267-272.

Ausubel, D. P. (1968). *Educational psychology : A cognitive view.* New York : Holt, Rinehart & Winston.

Ausubel, D. P. (1977). The facilitation of meaningful verbal learning in the classroom. *Educational psychologist, 12* (2), 162-178.

Bandura A. (1986). *Social foundations of thought and action: A social cognitive theory.* Englewood Cliffs, NJ: Prentice-Hall.

Barrett, E. R., & Curtis, K. F. (1986). The effect of assertive discipline training on student teachers. *Teacher education and practice, 3* (1), 53-56.

Borich, G. D. (1988). *Effective teaching methods.* Columbus, Ohio : Charles, E. Merrill Publishing Company.

Brooks, D. M.（1985）. Beginning the year in junior high: The first day of school. *Educational leadership, 42*（8）, 76-78.

Brophy, J., & Evertson, C.（1976）. *Learning from teaching: A developmental perspective.* Boston: Allyn & Bacon.

Brophy, J.（1988）. Educating teachers about managing classrooms and students. *Teaching and teacher education, 4*（1）, 1-18.

Canter, L.（1988）. Assertive discipline and the search for the perfect classroom. *Young children, 43*（2）, 24.

Charles, C. M.（1996）. *Building classroom discipline（5th ed.）.* Whife Plains, N. Y.: Longman.

Comer, J. P., & Haynes, N. M.（1991）. Parent involvement in schools: An ecological approach. *The elementary school Journal,* v91, n3 pp271-277.

Covert, J. R.（1986）. *A study of the quality of teaching of beginning teachers.* Paper presented at the annual conference of the Canadian Society for the Study of Education.

Doyle, W.（1979b）. Making managerial decisions on classrooms. In Duke, D. L.（Ed.）. *Classroom management.* Illinois: The National Society For the Study of Education.

Doyle, W.（1986）. Classroom organization and management. In M. C. Wittrock（Ed.）, *Handbook of research on teaching（3rd ed.）*（pp.392-431）. NY: Macmillan.

Dreikurs, R., Grunwald, B., & Pepper, F. (1982). *Maintaining sanity in the classroom : Classroom management techniques* (2nd ed.). New York : Harper & Row.

Duke, D. L. (1985). Environmental influence on classroom management. In Husen, T., & Postlethwaite, T. N. (Eds.). *The international encyclopedia of education.* Oxford: Pergamon.

Emmer, E. T. (1987). Classroom management. By Michael J. Dunkin (ed.). *The International encyclopedia of teaching and teacher education.* Oxford: Pergamon Press. p. 437.

Emmer, E., Evertson, C., & Anderson, L. (1980). Effective classroom management at the beginning of the school year. *The elementary school journal, 85* (5), 219-231.

Evertson, C. M., & Emmer, E. T. (1982). Preventive classroom management. In Duke, D. L. (Ed.), *Helping teachers manage classrooms.* ASCD.

Feitler, F., & Tokar, E. (1982). Getting a handle on teacher stress: How bad is the problem? *Educational leadership, 39,* 456-458.

Froyen, L. A. (1988). *Classroom management: Empowering teacher-leaders.* Columbus: Merrill Publishing Co.

Gordon, T. (1974). *T. E. T. : Teacher Effectiveness Training.* New York: David Mckay.

Griffin, P. E. (1983). The developing confidence of new teachers: Effects of experience during the transition period from student to tea-cher. *Journal of education for teaching, 9*（2）, 113-122.

Grossman, H.（1990）. *Trouble-free teaching : Solutions to behavior problems in the classroom*. Mountain View, California: Mayfield Publishing Company.

Johnson, D. W., & Johnson, R. T.（1991）. *Learning together and alone: Cooperative, competitive, and individualistic learning（3nd ed.）*. Englewood Cliffs, N. J. : Prentice Hall.

Jones, V. F.（1986）. Classroom management in the United States: Trends and critical issues. In Tattum, D. P.（Ed.）. *Management of disruptive pupil behavior in school*. New York: John Wiley & Sons.

Jones, V. F., & Jones. L. S.（1990）. *Comprehensive classroom management : Motivating and managing students（3rd ed.）*. Boston, MA: Allyn & Bacon.

Kounin, J. S.（1970）. *Discipline and group management in classrooms*. New York: Holt, Rinehart & Winston.

Leingardt, G., Weidman, C., & Hammon, K.（1987）. Introduction and integration of classroom routines by expert teachers. *Curriculum inquiry, 17*（2）, 135-176.

Mandelbaum, L. H., Russell, S. C., Krouse, J., & Gonter, M.（1983）. Assertive discipline: An effective classroom behavior management program. *Behavioral disorder, 8*（4）, 258-264.

Maurer, R. E.（1985）. *Elementary discipline handbook.* West Nyack: The Center for Applied Research in Education.

McGueen, T.（1992）. *Essentials of classroom management and discipline.* New York: Harper Collins Publishers.

Moskowitz, G. , & Hayman, J.（1976）. Success strategies of inner-city teachers: A year-long study. *Journal of educational research, 69,* 283-289.

Pearson, N. L.（1990）. Parent involvement within the school: To be or not to be. *Education Canada,* v30, n3, pp14-17.

Raffini, J. P.（1980）. *Discipline : Negotiating conflicts with today's kids.* Englewood Cliffs, NJ : Prentice- Hall.

Raffini, J. P.（1996）. *150 ways to increase intrinsic motivation in the classroom.* Needham Heights, MA : Allyn & Bacon.

Sanford, J. P. , & Evertson, C. M.（1981）. Classroom management in a low SES junior high: three case studies. *Journal of teacher education, 32*（1）, 34-38.

Shultz, J. , & Florio, S.（1979）. Stop and freeze: The negotiation of school and physical space in a kindergarten/first grade classroom. *Anthropology and education quarterly, 10*（3）, 166-181.

Veenman, S.（1984）. Perceived problems of beginning teachers. *Review of educational research, 54,* 143-178.

Wodinger, M. G. （1986）. *The percieved problems of first year tea-chers and levels of job facet satisfaction*. Paper presented at the Annual Meeting of the Canadian Society for the Study of Education.

Wolfgang, C. H. （1995）. *Solving discipline problems: Methods and models for today's teachers. （3rd　ed.）*. Needham Heights, MA: Allyn and Bacon.

Wolfgang, C. H., & Glickman, C. D. （1986）. *Solving discipline problems: Strategies for classroom teachers （2nd　ed.）*. Boston: Allyn and Bacon.

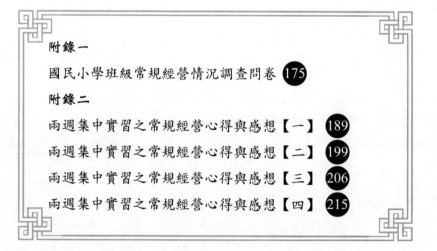

附　錄

附錄一

國民小學班級常規經營情況調查問卷

各位老師：您好！

　　這份問卷的目的是想了解您對國民小學之班級常規經營的看法，及實際運作情形與可能遭遇到的困擾問題，以作為建議與改善班級常規的參考。您所填答的資料僅作為學術研究之用，故在問卷上不必具名。由於您的意見非常寶貴，對班級常規的改進深具價值，所以懇請撥冗詳實填答，並在一週內寄回。在此由衷地感謝您的協助與支持。敬祝

　　平安快樂

　　　　　　　　國立嘉義師範學院初教系研究小組　敬上

　　　　　　　　　中華民國八十六年六月十四日

【基本資料】

（　）1.性　　別：①男；②女。

（　）2.任教地區：①城市（含院、省或縣轄市）地區。

　　　　　　　　　②鄉鎮中心地區。

　　　　　　　　　③鄉下或偏遠（含離島）地區。

（　）3.畢業科系：①初教系；②語教系；③社教系；④數理系；
　　　　　　　　⑤特教系；⑥美教系；⑦體教系；⑧音教系。

（　）4.擔任職務：①級任；②科任。

（　）5.班級人數：① 30 人以下；② 31～40 人；③ 41～50 人。

【填答說明】

1.本問卷所謂「常規」是指學生在班級中行為的準則，包含具體
　規約（以條列式公布於教室內）與例行活動程序（如：收發物
　品的順序、值日生工作安排等）。其次，「常規經營」是指班
　級常規的訂定、教導、執行、評鑑等四個主要歷程而言。

2.本問卷共有 24 題，請先閱讀每題的敘述內容，再依據自己的
　想法及實際情況，於適當的□中打「∨」或填數字即可。

【問卷內容】

1.您在擬定班級常規之經營計畫時，主要的根據為何？（複選至
　多三項）

　　□　(1)自己對班級學生的期望

　　□　(2)家長或社區相關人士的期望

　　□　(3)學校訓導工作的實施重點

　　□　(4)請教該班以前老師所獲得的建議

　　□　(5)研習有關課程所獲取的心得

　　□　(6)依據學生身心發展的情況

☐ (7)其他（請列舉）_____

2. 下列係班級常規的一些經營原則，請您依其重要性而排出優先順序。（最重要者填「1」，次重要者填「2」，依次類推）

☐ (1)建立教師權威，一切依法辦理

☐ (2)維護師生雙方之教與學的權益

☐ (3)積極接納與尊重學生的感受

☐ (4)依據學理與運用專業知能

3. 當您遇到班級常規陷入困境時，首先第一個想要加強或改進的項目，就是下列的那一項呢？（單選）

☐ (1)盡速建立班級常規

☐ (2)加強實施親職教育

☐ (3)積極改善教導方式

☐ (4)充分運用社區資源

4. 在班級常規訂定時，您主要的採取方式是下列中的哪一項？（單選）

☐ (1)依自己的理念與期望而訂定

☐ (2)先了解學生的期望，再自行訂定

☐ (3)雖自行規定，仍與學生討論與修訂之

☐ (4)師生均表達期望以取得共識，再共同訂定

☐ (5)先向學生說明老師的期望，再由班會討論與決議

☐ (6)先由學生組成「班規訂定小組」研討草案，再給班會決議

□ (7)完全由班會討論與決議

□ (8)其他（請列舉）_____

5.您認為班級常規之經營，其目的為何？（複選至多三項）

□ (1)壓制壞行為的發生

□ (2)維護良好的上課秩序

□ (3)提供或營造一個良好的教學情境

□ (4)培育良好的生活或學習習慣

□ (5)使違規學生能依法受到團體制裁

□ (6)蔚起一個良好班風

6.班規之訓練或教導，您經常採行哪些方法？（複選至多三項）

□ (1)在開學伊始持續不斷地於教學中叮嚀或提醒

□ (2)以黃金律指引好的行為舉止

□ (3)親自或請學生示範

□ (4)透過練習予以強化

□ (5)運用有效的溝通技巧，多與學生交談

□ (6)讓學生由觀察模仿中學會而無需教導

□ (7)要求家長配合指導

□ (8)其他（請列舉）_____

7.為預防學生發生不當行為，下列哪一種方法您較常用？哪一種方法您認為較有效？（請就「較常用」、「較有效」各複選三項）

較常用　較有效

☐　☐　(1)以生動活潑的教學吸引學生學習

☐　☐　(2)隨時了解並掌握學生動態

☐　☐　(3)不當行為初露徵兆時，能及時制止

☐　☐　(4)嚴明實施獎懲，建立常規權威

☐　☐　(5)時常與學生晤談，了解其想法

☐　☐　(6)與家長溝通，取得共識與支持

☐　☐　(7)其他（請列舉）＿＿＿＿＿＿＿＿

8.對學生違規行為的處理，您較常用的方式有哪些？您認為較有
效的方式有哪些？（請就「較常用」、「較有效」各複選三
項）

較常用　較有效

☐　☐　(1)個別談話與輔導

☐　☐　(2)口頭責備與糾正

☐　☐　(3)予以隔離，令其反省

☐　☐　(4)忽視其行為

☐　☐　(5)剝奪其權利

☐　☐　(6)增加家課份量

☐　☐　(7)要求其勞動服務

☐　☐　(8)生理性懲罰

☐　☐　(9)其他（請列舉）＿＿＿＿＿＿＿＿

9.必須採取處罰以矯正學生違規行為時，您經常考慮哪些原則？

（複選二至五項）

- [ ] ⑴不傷害學生身心
- [ ] ⑵事先訂立懲罰的標準
- [ ] ⑶及時懲罰，不拖延
- [ ] ⑷配合行為的嚴重性施罰
- [ ] ⑸懲罰後立即教導正確行為
- [ ] ⑹先向學生說明被懲罰的原因
- [ ] ⑺不再重提學生曾犯的過錯
- [ ] ⑻以理性的態度施罰
- [ ] ⑼其他（請列舉）＿＿＿＿＿＿＿＿

10. 對表現良好的學生，您經常採取哪些獎勵方式？（可複選）

- [ ] ⑴社會性獎賞，如：讚美、鼓掌、微笑等。
- [ ] ⑵活動性獎賞，如：遊戲、自由時間、當組長等。
- [ ] ⑶代幣制獎賞，如：加分、蓋榮譽章、給獎勵卡等。
- [ ] ⑷物質性獎賞，如：給予點心或小禮物等。
- [ ] ⑸其他（請列舉）＿＿＿＿＿＿＿＿

11. 在下列各項教學行為中，您經常做到的有哪些？（複選三至五項）

- [ ] ⑴課前設計教學計畫，且安排多樣化教學活動
- [ ] ⑵運用各種方法，以持續學生的興趣和注意力
- [ ] ⑶建立榮譽制度，鼓勵表現良好的學生
- [ ] ⑷學生在練習或討論活動時，進行組間之巡視與輔導

☐　⑸學生分散注意力時，馬上提醒並導正

　　☐　⑹多鼓勵、少責備，使學生陶醉在無失敗的學習中

　　☐　⑺抱持樂觀的心態，相信自己具有達成目標的意志力

　　☐　⑻能因應學生的需要，進行常規的執行工作

　　☐　⑼教學進度能如期上完，且教學成效尚可

　　☐　⑽教學因事被打斷，即刻安排學生進行相關活動

12.您經常採行哪些方法評估班級常規的執行成效？（複選二至五項）

　　☐　⑴請教校內同事對本班的看法

　　☐　⑵觀摩比較別班的常規情形

　　☐　⑶自我檢討與反省

　　☐　⑷訪問或調查學生的想法

　　☐　⑸訪問或調查家長的想法

　　☐　⑹參考學校秩序比賽的成績

　　☐　⑺閱讀相關書籍以互相對照

　　☐　⑻向學者專家諮詢

13.在經營班級常規時，您較常使用哪些方法？（複選三至六項）

　　☐　⑴主動而積極地傾聽學生的感受

　　☐　⑵利用「我覺得」語氣來表達情緒

　　☐　⑶與學生共擬解決衝突的方案

　　☐　⑷協助學生設立目標以達自我成長

　　☐　⑸強調學生應為自己的行為負責

☐ (6)要求學生履行承諾，不輕易接受其達不到承諾的藉口

☐ (7)要求學生對違規行為作反省檢討

☐ (8)經由班會討論，檢討與改進常規執行成效

☐ (9)堅定地向學生表示果斷執行常規的決心

☐ (10)以行為改變技術改善不當行為

☐ (11)實施代幣制獎勵表現良好的學生

☐ (12)與學生建立契約並共同履行約定

☐ (13)其他（請列舉）_____

14.在評鑑班級常規時，您較重視下列的哪些規準？

☐ (1)班規和獎懲辦法清楚明確，學生知所遵循

☐ (2)教學既平順又流暢，目標也易於達成

☐ (3)師生關係和諧，彼此了解對方期望

☐ (4)學生受到公平待遇，且有表達意見的機會

☐ (5)學生樂於學習，能積極參與學習活動

☐ (6)學生之學習自動，且知法守法、進退自如

☐ (7)全班合作而團結，班級氣氛和諧融洽

15.在下列十一項有關常規經營觀點的說明，您的同意程度如何？

（請在各項說明的四個選項中，擇一勾選之）

非常同意	有些同意	不太同意	很不同意	
☐	☐	☐	☐	(1)剛開學不必急著上課，應先建立班級常規

☐ ☐ ☐ ☐ (2)有效教學是達到常規經營順利的最佳方法

☐ ☐ ☐ ☐ (3)預期教學成功，則須班級常規先經營好

☐ ☐ ☐ ☐ (4)常規良好的班級，學生較有整齊畫一的行
為

☐ ☐ ☐ ☐ (5)要經營好常規必須使用立刻見效的方法

☐ ☐ ☐ ☐ (6)針對不同的班級必須採行不盡相同的經營
內容

☐ ☐ ☐ ☐ (7)教室空間的安排會影響常規經營的效果

☐ ☐ ☐ ☐ (8)對於不當行為，事先預防比事後矯正來得
重要

☐ ☐ ☐ ☐ (9)常規良好的班級，常會抹殺學生的創造力

☐ ☐ ☐ ☐ (10)過於講究班級常規，常會減少學生學習機
會

☐ ☐ ☐ ☐ (11)實施班級常規經營之前必須多了解學生的
想法

16.您認為造成班級常規經營困擾的主要原因有哪些？（複選至多
三項）

☐ (1)學生人數過多

☐ (2)級務工作負擔過重

☐ (3)學校行政人員的理念與作法不能配合

☐ (4)家長的要求和期望過高

☐ (5)社會風氣不佳，學生積習難改

☐ (6)本身專業訓練不足或教學經驗缺乏

☐ (7)教育當局的政令與規定不盡合理

☐ (8)家庭的因素（如：家長忙於工作、父母分居或離婚）

☐ (9)其他（請列舉）

17.您自己的班級常規經營之有關知能如何得來？（可複選）

☐ (1)修習師範校院相關課程

☐ (2)參加研習進修活動

☐ (3)自行閱讀教育書刊

☐ (4)請教經驗豐富的同事

☐ (5)依教學經驗自行創用

☐ (6)其他（請列舉）

18.依您的經驗，從下列各種情況而造成班級常規混亂的程度各如何？（請在各種情況所造成混亂程度的四個選項中，擇一勾選之）

極混亂	混亂	稍混亂	不混亂	
☐	☐	☐	☐	(1)由校外教師代課時
☐	☐	☐	☐	(2)教師辦理行政工作不在時
☐	☐	☐	☐	(3)前一節在室外活動，而本節在教室上課時
☐	☐	☐	☐	(4)班級發生突發事件時
☐	☐	☐	☐	(5)學校舉辦慶典活動時
☐	☐	☐	☐	(6)教學中突有訪客時

☐ ☐ ☐ ☐ (7)剛開學之第一個禮拜時

☐ ☐ ☐ ☐ (8)放寒、暑假之前一個禮拜時

☐ ☐ ☐ ☐ (9)分組進行合作學習時

19.您對目前班級常規經營情況的滿意程度如何？（請針對下列各

個主題的四個選項中，擇一勾選之）

非常同意	有些同意	不太同意	很不同意	
☐	☐	☐	☐	(1)在班級常規的訂定方面
☐	☐	☐	☐	(2)在班級常規的教導方面
☐	☐	☐	☐	(3)在班級常規的執行方面
☐	☐	☐	☐	(4)在班級常規的評鑑方面
☐	☐	☐	☐	(5)在班級常規的執行成效方面

20.您認為教育行政當局宜採取哪些措施以改善教師之班級常規？

（複選至多三項）

☐ (1)編印並發給指導手冊

☐ (2)開設相關研習進修課程

☐ (3)設立輔導團巡迴輔導

☐ (4)建立「優良教師提供指導」的制度

☐ (5)設立諮詢機構提供協助

☐ (6)修改法令明定體罰原則

☐ (7)其他（請列舉）_____

21.為了改善班級常規，您希望得到哪些協助？（複選至多三項）

☐ (1)提供更多研習進修的機會

☐ (2)減輕級務工作負擔

☐ (3)縮減班級人數

☐ (4)學校行政人員的支援配合

☐ (5)家長或社區人士的支援配合

☐ (6)設立相關的諮詢機構

☐ (7)其他（請列舉）＿＿＿＿＿＿＿＿＿＿＿＿＿＿＿

22.您對於未來師資培育機構開設班級常規經營之專門課程的意見如何？（單選）

☐ (1)不必開設為專門課程，因現有課程已足夠

☐ (2)不必開設為專門課程，於相關課程中加強即可

☐ (3)應開設為專門課程，且列為選修

☐ (4)應開設為專門課程，且列為必修

☐ (5)其他（請列舉）＿＿＿＿＿＿＿＿＿＿＿＿＿＿＿

23.參加班級常規之研習進修活動時，您希望安排哪些課程？（可複選）

☐ (1)團體動力學

☐ (2)人際關係訓練

☐ (3)兒童發展原理

☐ (4)兒童輔導技術

☐ (5)有效教學原理

☐ ⑹常規管理技巧

☐ ⑺其他（請列舉）＿＿＿＿＿＿＿＿＿＿＿＿＿＿＿＿

24.您對於班級常規經營的改進尚有哪些意見，請列出：

＿＿＿＿＿＿＿＿＿＿＿＿＿＿＿＿＿＿＿＿＿＿＿＿＿＿＿

＿＿＿＿＿＿＿＿＿＿＿＿＿＿＿＿＿＿＿＿＿＿＿＿＿＿＿

＿＿＿＿＿＿＿＿＿＿＿＿＿＿＿＿＿＿＿＿＿＿＿＿＿＿＿

【問卷到此結束，謝謝您的填答】

附錄二～【一】

兩週集中實習之常規經營心得與感想【一】

·洪瑞成·

一、前言

　　經歷了四年師範校院的薰陶後，對師範生最重要之考驗與挑戰的集中實習，也堂堂登場。對集中實習的情況，早先只能從學長、姐那兒得到一些片面的訊息及八卦，有學姊說實習時不眠不休，對精神與身體真是極大的負擔；也有學長說實習真是快樂的時光，有小朋友幫你添午餐，還會送你禮物，過著皇帝般的生活。經過眾多學長、姐的「自白」後，直覺丈二金剛，摸不著頭緒，好像又苦又樂。不過總結諸位前輩的自白來看，集中實習應該是值得期待的。

　　人說：「如人飲水，冷暖自知。」真實經歷過集中實習後，心中是百感交集的。當然最主要的，是對四年師範教育理論能夠有實際的體現；但更多的，則是除了教學之外，一些人與人互動的微妙關係，無論是上對下（如老師對學生）或是下對上（如自己對實習輔導老師），經過兩週的集中實習後，得到了許多寶貴

的經驗與領悟。茲將這兩週在常規經營上所獲得的感想及心得分述於後，以作為這次集中實習的省思。

二、班級常規的訂定與教導

為求這次集中實習的教學工作能順利進行，本實習工作小組的伙伴們，於實習前均絞盡腦汁、互相腦力激盪，盼能找出一套能控制班級秩序的方法，以期達到「教學與常規雙人行」。歷經數次的討論後，我們決定：

1. 採用增強板的方式鼓勵常規表現良好者。

2. 使用小組合作學習的方式，並配合增強板的獎勵，以求學生彼此之間對常規的交互督促。

3. 在第一節的室內課與學生討論班級常規的要點，期盼有「好的開始，是成功的一半。」

4. 本實習小組事先製作一張「班級常規」之海報，詳列班級常規之要點，並取每項常規的「首字」造出「大家一起來」的句子，希望能引起學生注意，且既有趣又容易記，其內容如下：

「大小號完要洗手

家課必定準時做

一同合作爭榮譽

起身發言先舉手

來到教室守秩序」

　　然而周全的準備卻也無法抵擋命運的捉弄，原本預定在第一節室內課進行班級常規的訂定與教導，沒想到第一節課竟為「自然科」，且因前兩節為體育課，每個小朋友都心浮氣躁的。因此，在訂定班級常規的那堂課，就顯得很沒有「常規」了。這真是出乎我們預料之外，在不得已之下，只得讓學生快快唸過我們所製作的班級常規海報，並稍微提示這些常規所須注意的要點。本來覺得這樣的訂定與教導應該多少有點效果，心想未來這兩週的實習應該能有不錯的班級常規；可是卻沒料到這一次匆促的訂定與教導，卻埋下了第二週班級常規失控的種子。

三、班級常規的執行與評鑑

㈠執行篇

　　訂定與教導完班級常規後，我們便開始了常規的執行工作，也就是要進行「常規與教學雙人行」的理想了。當學生表現良好時，我們便立即給予增強，一開始效果還不錯，然而經過大概三天後，因為我們較忽略在常規方面的增強，而多專注於學習成果表現上的獎賞，因此學生在常規的遵守上便漸漸地處於被動了，譬如：剛開始上課與旁邊同學交頭接耳、上課不專注、東摸摸或西摸摸等……，對教學工作的進行造成威脅。此時我才意識到自

己似乎放太多精神在教學的準備上，雖然一開始有引起動機，但為了加快教學的進度，反而沒注意到常規的維持，造成學生剛開始雖有精神，但之後便意興闌珊，在無心聽課之下，便促發了學生常規的問題。

(二)評鑑篇

發現常規出現問題之後，自己也積極地檢討，希望能及時改進。即每當學生上課一出現常規問題便給予提示與制止，可是用了一、兩天後，發現這只是治標而不治本的方法，且為了常規的處理，經常地中斷教學，反而損害了那些認真學習同學的權益。此時也發現了更重大的問題，亦即當我開始實施常規問題的制止後，雖然可以暫時性地制止住多數學生的問題行為，但卻怎麼樣也制止不了班上一個特定學生的問題行為。

該名學生常常在上課挑戰教師的權威，尤其是無心聽課的時候，不是上課亂丟東西，就是講話、亂走動，甚至把自己的書亂折，故意弄出很大的聲音。不過平時的相處他對實習老師也還算和善，只是上課時愛搗蛋。在應用了一些增強與懲罰的策略後，雖然有輕微的改善，但該生依舊喜歡在上課時我行我素。百般無奈下，便得請教我們班級的實習輔導老師，此時老師才娓娓道來該生的家庭背景。原來這名學生的父親原在監獄中服刑，最近才被釋放出來，而他的母親則是在特種行業中工作；因此造就了該生那種桀驁不馴的個性。不過可幸的是，該生的母親對該生的管

教還是相當注重的，當該名學生犯錯時，他母親便會趕到學校來了解情況，而這名學生也跟大多數學生一樣，都很害怕自己的父母親到學校來，這樣回家保證會招來一頓責罵。

了解該生的背景後，指導老師便說該名學生會在我們面前這麼亂來，應該是因為只把我們當成大哥哥、大姐姐吧！所以變得比較隨便，畢竟我們不會通知他的父母。

(三)改進篇

經過實習輔導老師的說明後，我決定改變自己的教學方式，嘗試以新鮮有趣的遊戲融入教學中，看是否能吸引學生的注意，並維持住他們學習的慾望。隔天帶著忐忑不安的心來到實習學校，結果一走進教室，便被一群小鬼頭包圍住，此時那個常規問題最令我頭痛的學生居然帶領著這群愛搗蛋的小鬼頭跟我說了句：「老師，對不起。」心中正詫異不已時，才從其他實習老師的口中得知，今天一大早實習輔導老師把那些小鬼頭叫到面前，訓誡了他們一番。果然還是實習輔導老師厲害，經過了她這麼一段的訓誡後，整天的教學活動都十分順暢地進行。學生常規問題的出現率也大大的降低了，一直到實習結束，學生們都安安分分地專心上課。

四、心得與感想

　　兩週的集中實習體驗，真是收穫良多，也深深感覺到一個班級是否能帶得起來，教學能否順利進行，「班級常規」的經營好壞實在是關鍵點。

　　在修習「班級經營」的課程中，常常聽到老師所敘說的許多技巧及見解，聽來覺得班級經營似乎不是件難事，但當自己置身其中時，才發現種種的問題與困難。而將這些令人頭痛的問題歸類後，可分為以下幾個方面來看：

㈠定位問題

　　我想在常規經營前，最困難的應是實習教師的定位問題。無論是身分、教學及行政工作上，若能找出適合自己的定位，這樣才能讓學生知道面對我們這群實習老師時，需要以何種的態度應對。

　　對學生來說，我們又是老師、又是客人，讓他們覺得既神秘又新鮮，興奮與好奇之下，常常會影響到實習教師之教學的效率，學生認為你既不是正式老師，似乎就不需配合你的教學，而對班級的常規造成莫大的威脅。這也是這次實習中最令人頭痛的地方了。學生視我們為短暫的實習老師，因此對我們充滿著好奇心，下課時找我們天南地北地亂聊，問東問西之下，真的讓人身

心俱疲。而上課時，則更顯現出學生們對我們這些實習教師性質的不了解，似乎只覺得我們是大哥哥、大姐姐，而不是他們的老師。上起課來，如果有趣，他們還能聽得下去；如果無趣，則肆無忌憚地聊起天來，甚至出言不遜，上課四處走動。

在實習的第一個禮拜，真是兵荒馬亂，缺乏學生的互動，教學工作也顯得零散混亂。幸運的是，第一個禮拜我所負責的皆非主要科目，因此，常規問題對我並無多大困擾，放縱之下，一直到實習第二個禮拜，終於食到惡果。因為前一個禮拜的放任，讓學生對我產生了可「隨隨便便」的印象；第二週當我開始教主要科目後，常規問題瞬間點爆，尤其上電腦課時，因為學生吵鬧且毫無秩序，讓我疲於奔命。這時電腦教室的輔導老師跟我說了一句建言，令我印象深刻，他說：「老師就是老師，實習老師也是老師，不要讓學生騎到頭上去了，會變成今天這樣的局面，全都是你自找的，活該！」此時我才醒悟教師定位的重要性，接著讓我花了極大的精神思量著定位的問題，希望學生明白何時對老師可以輕鬆，何時須對老師尊重。經過適當地定位之後，的確有些微成果，學生知道老師上課時對他們的期望，如此對學生的學習有很大的助益。

(二)增強與懲罰的公平性

教學活動中，我們運用了增強板，藉以促進學生爭取榮譽的動機。本來是十分不錯的構想，且剛開始實行時也有不錯的效

果。可是隨著時間的增加，學生們似乎對增強已漸漸地感到麻木，經過檢討後，我發現最主要的原因應該是增強似乎缺乏一定的「原則」。亦即我們這四位實習老師的增強時機及標準都不太一樣，讓學生無所適從，不知怎樣做才能得到增強。到最後，索性隨便老師高興就給，學生對增強物的爭取，似乎無由自主。因此，我想訂定一個準確的獎勵或懲罰標準，讓學生知道如何做、該怎麼做才能得到好的鼓勵，如此一來才能增進學生對榮譽的爭取，對班級的常規將有好的助益。

(三)常規的彈性更新與隨時提醒

在實習前，我們製作了一張「班級常規」的提示海報，希望讓學生能有所依循。然而經過了兩個星期的實習，卻沒對班級常規做絲毫的變動，甚至連自己都忘了那張常規的提示海報，好像把那張海報當成了純粹裝飾教室的用途。連實習老師自己都不重視常規條例的存在，難怪學生會無視於班級常規。這真是我們在常規經營上的重大缺失，正確的做法應是依時間或空間，或是一些特別事件的發生，而更新這些常規條例。並應時時提醒學生注意常規條例的內容，讓學生知道該遵循什麼，更知道該如何遵循。

(四)分組教學的注意事項

分組教學原本應是不錯的教學方式，讓學生在分組合作中一

起成長、進步，然而分組教學卻也隱藏了不少的問題。例如分組的競爭，容易造成班上同學感情的變質，甚至造成同組成員互相怪罪的情況；分組時若沒把學生的特質掌握好，例如學業較差的分成同一組，或是愛講話的分在同一組，都會對教學工作形成更大的阻力。而這些問題，在我實習的過程中，都被我碰到了，由於分組的不當而造成教學工作更加吃力，讓我深深體會到分組教學應該考慮到學生合作學習的特質，如採異質性分組等，以免一分下去，變成難以收拾的局面。

(五)學生特質的調查

這次的實習，讓我知覺到學生特質調查的重要性，原來一個小小的班級，彼此的家庭背景、個性、態度差異會如此之大。也因為這些差異造成了教學上許許多多的困擾。雖然調查學生的特質是一項繁雜的工作，但身為教師，若能掌握學生的特質情況，才能對症下藥，而積極改變學生的問題行為，如此一來方能暢通教學的進行。例如在實習中所碰到的那名愛搗蛋的學生，嘗試了許多方法後，還是依然故我。但當了解該生特質的班級導師介入後，情況馬上改善，令人不得不注重學生特質的調查工作。

五、結語

總結來說，兩週的集中實習有苦有樂，也體會到了「常規經

營」的困難及其挑戰性。依著班級經營的課所學到的理論，如「積極重於消極」、「同時學習」、「積極的回饋與增強」......等，牛刀小試了自己常規經營的能力，也發現到自己在許多方面的不足，經過檢討後，希望能在未來一年的實習中，能有所改善。

　　即使還未正式踏入社會成為一個正式的老師，然而這一段實習的經歷也將永遠陪我度過未來的人生，畢竟在這麼多的見聞中，要不成長都很難，而這些寶貴的見聞及體驗也將成為我內心的一部分。希望在未來成為正式教師時，能有更佳的表現，更期許自己在常規經營的能力上能更上層樓，在未來迎接班級經營的挑戰時，能用最從容的態度及最有效的方式來面對這些挑戰和考驗。

　　　　（本文作者係國立嘉義大學91級特四甲畢業生）

附錄二～【二】

兩週集中實習之常規經營心得與感想【二】

·翁世強·

一、前言

古人有云：「國有國法，家有家規」。班級常規的經營是教學能否順利進行的關鍵。我把學生當作是相互學習成長的好夥伴；我希望在我實習的班級裡，師生之間是一種相互尊重的關係而不是獨裁威權的統治。在這段日子裡，我希望每一位學生都能將這個團體當作是一個學習與成長的小天堂；我願付出最大的關懷與耐心，陪伴每一位小天使快樂充實地享受這十天的學習時光。我期盼每一位學生都能勇於表現自己，並且遵守彼此之間的小約定。

二、班級常規的訂定與教導

在正式實習之前，我們同組的三位實習生，曾自行到實習學校裡和實習輔導老師討論過關於班上現行的常規經營狀況，而實

習輔導老師和小朋友們原先所訂定的班規內容為：

1. 課程進行前，有三十秒鐘喝水時間，接著要專心上課，不可以再飲用任何飲料。
2. 每一個小組須在喝完水後，立即整理桌面保持乾淨。
3. 課堂上若要發言，須舉手獲准後才可以發表。
4. 上課期間若有良好或不當的行為表現，且達到獎勵或處罰標準時，即徹底地予以執行。

　　九十一年四月十五日是我們實習的第一天，在第一次正式上課之前，我計畫運用一節課的時間和學生訂立一些彼此能夠遵守的小規範。經過先前兩次的試教，以及和實習輔導老師的幾次討論後，我記錄了一些班上比較容易出現的小問題；在一節課四十分鐘的時間裡，我將運用引導的方式，請學生自己思考並提出他們所願意遵守的班級公約。

　　在民主法治觀念的前提下，我告訴每一位學生，他們是班上的一分子，便應當彼此尊重團體的成員。「快樂安全」的學習是我對教學最基本的要求，我期望在這兩週的日子裡能讓班上學生學習到「榮譽、責任、尊重」的精神。

　　在經過大家熱烈討論後，師生總結出了四條規範，這四項約定是：

1. 上課要安靜，要尊重正在發言的人。
2. 下課要維持教室的安全。
3. 戶外活動要守秩序。

4.在學校的時間能注意自己的安全，不做危險的動作。

　　為了增強學生的優良表現與落實班級公約的執行，我們設計了一套能夠吸引學生參與的榮譽制度，藉由增強榮譽感的方式，希望讓學生能夠將遵守班級常規的行為予以內化。

　　班上的榮譽制度分為「小組競賽」與「個人榮譽」兩項。小組競賽以「爬爬樂」模式展現，而個人榮譽則配合「榮譽卡」、「榮譽獎章」及「榮譽獎狀」的方式來進行。其規則如下：

1.小組競賽——「爬爬樂」

　　當課程或活動進行時，以小組為單位，對於表現良好的組別予以獎勵，並且輔以口頭讚美以鼓勵其他組別的小朋友們，能同心協力為小組爭取榮譽。

　　我們以「猩猩」、「貓咪」、「小熊」、「白兔」、「獅子」和「青蛙」六種動物來當作每一個小組的精神圖騰；當每一次有小組獲得加分時，我們會貼上一枚彩色磁鐵，集滿十枚磁鐵後，小組圖騰可以往上爬一格。這個制度每週結算一次，我們會統計出最優秀的兩組加以表揚。

2.個人榮譽——「榮譽卡與榮譽獎狀」

　　這是以個人表現為獎勵的方法。我們在設計榮譽制度時曾經考量到為個人的優異表現給予增強及獎勵，所以在小組競賽之外，我們還設計一套班級小英雄的榮譽制度，兩軌並行不悖。

　　這套榮譽制度是先發給每一位小朋友一張「個人榮譽卡」，再以隨堂記錄個人表現優異來給予鼓勵，但是當有嚴重破壞班級

秩序的情形時，我們也會斟酌予以扣分。個人榮譽是以一天中的表現為給予「榮譽章」的標準；同樣地，在一週結束後，我們會結算獲得五個（含）以上戳章的小朋友，頒發個人優異獎的獎品與「榮譽獎狀」做為鼓勵。

三、班級常規的執行與評鑑

我們實習班的榮譽制度是搭配班級常規來運用的，為了增強個人行為與鼓勵小組合作，我們將學生的表現予以適切地區分。

1.每一次上課之前在小組表現上，我們會先給予小朋友們三十秒鐘喝水和整理桌面，在這三十秒鐘裡，我們會給予全班同學口頭上的增強：「很好！第×組和第×組的小朋友表現的很棒唷！老師要看哪幾組最快準備好喔！！」當老師確定大夥兒都準備好時，我們會選出動作最快、最安靜的組別在「爬爬樂」上予以加分。

在正式進入課程教學時，我們多以遊戲化的原則來設計課程內容，配合小組競賽的模式，我們讓學生都能主動地參與學習。學生對於小組競賽的參與度都很高，「爬爬樂」的獎勵方式很受學生的喜愛；如此一來，教學的進行都頗為順暢，上課的秩序也相當不錯。

2.除了小組教學的推動外，在個人表現上，我們對於學生的個別表現也相當重視，所以為每一位學生製作了張「榮譽卡」。

這個部分的實施與評鑑是運用在「課堂發言、家課作業或個人行為」優良者的表現上；為了鼓勵學生為自己爭取榮譽，我們告訴學生除了小組組員間要彼此合作外，個人努力也會為自己得到一份榮譽。

除了表揚上述的行為外，個人榮譽制度還可以用來鼓勵一些比較害羞的學生。每當老師在課堂間提出問題時，我們會先請學生主動發言，在進行自願發言一陣子後，指名比較害羞、內向的學生，請他們試著來發表自己的意見或想法。個人榮譽制度不僅僅只是獎勵表現良好的學生，同時也是鼓勵害羞一族的好幫手。

四、班級常規經營的心得與感想

常規經營在低年級的班級中格外重要，一、二年級的班導師在課堂秩序的維持上，大多需要一段不算短的時間來經營；由於低年級學生認知層次是屬於「具體運思期」，對於很多抽象的觀念多半無法理解，老師在常規的經營上需要將許多觀念具體化，例如什麼是「責任」，什麼是「榮譽」，什麼是「尊重」等等這些觀念，老師都需要運用學生在日常生活中常接觸到而可以理解的方式與口語來訂定一個班級的常規，這點是和中、高年級在經營班級常規上比較不同的地方。

低年級學生對於遊戲與競賽相當熱中，遊戲化的活動和競賽化的獎勵制度，對於常規經營有著很大的幫助，但是在實施時，

老師一定要保持一貫的原則與評分標準，當學生間出現爭執時，老師要先觀察是否有危害安全或干擾教學進行的情況，如果沒有，則要適當地運用「忽視法」，不去理會學生的小動作，不要給予他們負增強，這麼一來，老師們便能較輕易地掌握班級。在常規經營時，老師不能讓學生對於規則有不確定感，如此一來班級常規才可以長久維持。

我曾經在高年級代過課，我發現高年級的學生就課堂秩序來說是相當安靜的，但是相反地，他們的學習參與度卻相當低落。當一個人長期沒有受到鼓勵或長期在威權的壓抑下，自我表現的動力便會慢慢地消失；從高年級學生身上我看不到學習的熱忱，所以這更讓我相信一位老師如果在低年級時將班級常規經營得熱絡有秩序，那麼學生們在日後便能更加愉快地學習。

五、結語

在訂定這套榮譽制度之前我們曾經和實習輔導老師討論過我們的想法，我們的目標是希望以不過度影響實習輔導老師的常規經營為前提，將我們的理想在這個班上來實行，且從中隨時更新所執行的班規。在這十天的集中實習中，實習輔導老師不斷地和我們分享有關常規經營的心得，老師告訴我們，在他的教學經驗裡，像我們這樣以小組競賽模式來作榮譽制度的方式是非常受到學生們的歡迎的。的確，學生無論是對於分組競賽的爬爬樂，

或是個人榮譽的英雄榜，他們均能很踴躍地參與。相信「鼓勵」是推動學生們學習的動力，正面的支持可以讓學生們在「零」失敗的學習壓力底下，將自己的想法與創意在學習上大膽地表現出來。

（本文作者係國立嘉義大學 91 級初四丙畢業生）

兩週集中實習之常規經營心得與感想【三】

· 方秀鈴、楊惠敏、阮懷萱、許倪瑋 ·

一、前言

　　班級常規之經營對老師而言是一件很重要的事，也是決定成功教學的重要因素，所以要成為一位高效能的老師，首先應以慎重的態度重視班級常規的經營。

　　這學期我們修習「班級經營」的課程時，才了解了班級常規經營的重要性，只是沒有機會去驗證所學的；剛好在畢業之前有兩週集中實習的機會，讓我們去實習國小將班級常規經營的理論應用在教學的情境中。

　　我們實習的年級是五年級，因為原來的班級導師又身兼學校的行政工作，所以，忙得不夠時間去規畫一套有效率及有系統的常規經營策略；在上學期到該班見習時，我們就發覺到班上的常規並不是很好，例如：老師上課時學生常不專心聽講，甚至有隨意亂走動的情況；同學之間也常常動手動腳；在學校的共同集會時，也往往是一個最吵的班級。所以，這學期我們在集中實習之

前就已經針對他們班的情況與需要而討論出一套班級常規經營的策略。

二、班級常規的訂定與教導

一開始我們利用第一天早自修的時間與學生一起訂定「生活公約」，學生還很驚訝地覺得「生活公約」可以讓他們來訂定嗎？於是我們就向學生說明為了要讓他們有學習的參與感及表達意見與期望的機會，所以，有必要由師生一起來訂定；另外，常規若讓學生參與訂定，往往學生也較能對自己所說的話負責，而比較能守法呢。

接下來，即由師生一起來訂定班級常規，最後表決出四點應該遵守的事項，而成為學生的「生活公約」，分別說明如下：

㈠和同學和睦相處

因為班上時常會有同學互相「動手動腳」和「口出惡言」的事情發生，例如：記得有一天的集會排隊時間，就有兩位同學因為借漫畫的問題而大打出手，而延誤班上排隊的時間，且也影響了班上的秩序；是故，學生認為同學間打罵不但容易發生危險也容易破壞同學之間的感情，所以他們就把和睦相處列為「生活公約」的第一項。對於違反此事項的同學我們又討論出處罰的方式，先找出打架的原因，並詢問打完架之後問題可否解決？讓他

們體會到打架並非解決問題之道,藉此澄清學生的觀念,吵架的同學必須先向對方道歉,且發自內心很誠懇的為對方做一件有意義的事,例如幫對方洗餐具,而且互相道謝。

㈡按時繳交作業

　　發現同學遲交作業的情形很嚴重,並且大部分的人常常利用早自修的時間寫作業,而班級導師的處罰方式是叫同學把椅子拿到黑板前面把功課寫完,才准回到自己的座位上。這種方式我們覺得不恰當,因為如此一來會影響老師教學活動的進行,且在前面寫家課的同學根本沒專心在上課,所以我們採用合作學習的方式,請組長檢查沒有寫家課的同學並把名單登記下來,而家課沒有完成的同學,下課時間必須在自己的座位上把家課寫完,拿給老師檢查後,才可以下課出去玩。這就是以「邏輯的後果」代替「懲罰」的方法,往往可建立起學生間具有因果效應的觀念。

㈢遵守上課秩序

　　課堂上的秩序是非常重要的,如果同學秩序不好的話就會影響學習的效果,更遑論教學目標的達成。因此,我們也運用「合作學習」的方式,採用「小組競賽」的方法,如果組上有同學違反上課秩序時則扣分,若表現良好則加分,藉此以達同學相互牽制以減少上課中違規行為的發生。例如上課發言沒舉手,未經過老師同意就任意說話、上課沒帶課本、上課做自己的事情、和隔

壁的同學說話、發呆……等，均先給予警告，如果再犯就扣小組分數。為了小組的榮譽，學生彼此之間均非常合作的遵守上課秩序呢！

㈣維持教室內外整潔

　　每個人都希望在整潔、乾淨的環境中快樂的學習，所以說維持教室內外的整潔是每個人共同的責任。雖然每個人都有自己的打掃區域，但是學生都做得不確實，一定要有老師盯著才會去做。所以，我們希望學生都能做好自己分內的整潔工作，且能互相督促，對於打掃不認真者，同學決議處罰當一週的值日生。

　　在我們訂完班級常規之後，再由老師逐項詳細地說明每條規定所涵蓋的內容及適用的時機和場合，使學生對班級常規的內容更加熟悉了解。基於常規與教學必須雙人行的原則，我們也把班級常規的教導適時融入各科教學的計畫之中，使學生在進行各種學習活動時，均有規則可依循，如此一來便可促進學生個人的良好行為，也會提升老師的教學品質。

三、班級常規的執行與評鑑

　　當我們和學生一起將常規訂定並教導之後，就配合教室布置，將常規內容列入生活公約的海報中，並展示在教室內明顯的位置，時時提醒學生能遵守班級常規，隨時約束自己的行為。

首先，我們嚴格執行家課必須在家裡完成，不能在早自修的時間裡寫作業，為了配合這項合作的進行，我們設計了表格，讓各組組長登記作業沒繳交，或沒完成的同學名單與未完成的家課項目，以確實掌握學生家課實際繳交的情形。

　　由於秉持著「常規與教學雙人行」的原則，所以我們在教學中也融入了常規，例如：同學在上課鐘響完成時，並無法馬上把下課時浮躁的心情調整過來，所以我們會運用一些方法幫助他們回復上課的心情，諸如：重複「起立、坐下」的動作，直到全班安靜為止；或者老師一言不發地站在前面，等到學生的注意力集中時，才開始上課；針對上課不專心的學生，我們則會以詢問問題的方式來拉回他的注意力，或者會試著改善教學流程，在教學中加入一些有趣的活動、輕鬆的氣氛、及一些幽默感以吸引學生的注意力，且讓學生能循規蹈矩地沉醉其中，全力參與那輕鬆快樂的學習。

　　針對學生和諧相處的項目，我們秉持著幾項原則，第一就是對事不對人，即針對情境而不是評斷學生的人格；第二以適當的引導進行行為的矯正，及引導應該的正確行為即可，避免對學生人身的攻擊；第三必須以冷靜、看清問題、不責備的方式找出原因對症下藥。例如我們實際遇到的狀況有學生上課上到一半時突然吵架，被欺負的同學哭了，我們就叫欺負人的那位同學，向被欺負的那位同學說聲「對不起」，被欺負的同學依然不高興，把自己的課本用力地揉成一團，並丟到地上，老師為了不影響上課

的進度，讓同學把注意力轉回課本上，不要再放在兩位同學身上，便說：「那是他的課本，弄壞了，要自行負責」，接著就繼續上課。

之前學生的掃地工作並不是做得很用心，直到我們集中實習的時間才稍有改善。因為我們班有四位實習老師，而班上又有四個掃地區域，所以就剛好一人分配一個區域監督，要同學掃完地後必須請老師來檢查完畢之後才可離開。經過幾天之後就發覺，同學已經能自動自發地把自己的掃地區域完成，不用老師一直在旁耳提面命地提醒。

關於常規的評鑑，我們自我反省之後發覺，我們實行小組合作學習時，發現組和組之間常常會為了加分與否而爭吵，如果老師沒有點到他們起來發言，他們就會跟老師鬧彆扭，所以到最後覺得記分方式的使用頻率不要太高，改以一天統整一次，而不是一節課中有好的表現就加分，盡量減少學生一直以得分為目標，而忘了以學習為主要目的的情形。

和五年級其他班級比較之下，發覺其他班的常規比我們班的常規要好太多了，跟他們請教之下才了解別班的級任導師不苟言笑，比較嚴肅，一開學就建立起常規，所以，他們班的實習老師一接下他們班級就不需要花太多的時間在常規經營上。從這裡我們深刻地體會到，在班級常規的教導原則上的第一項「及早教導原則」的重要性，能及早把班規很清楚的傳達給學生，才能使學生原本模糊不清的感覺變得較為具體、實在；在一切行為均有班

規可依循之下，學生才能很快地適應而上軌道。而我們班的實習輔導老師，在處理學生違反常規的事情時，往往都是遇到事情發生時才處理，沒有事先防患的措施，所以同樣的問題才會層出不窮，需要反覆地處理，使教學的時間浪費在處理違規的問題上，使教學一直在趕進度中。所以說老師能預感事情的發生，而事前採取預防的措施，能重視事前防範，才能成為一位高效能的教師。

在一開始實習時對於吵鬧的學生，我們都是「以聲制聲」，但他們常常都是經過幾分鐘後就「故態復萌」；於是我們討論出一種解決這種狀況的方法，那就是事先跟學生約定好，當老師一舉手學生就要馬上跟著舉手，這樣可以使不專心的學生停止說話，放下手邊的事，將注意力集中到學習上。

四、班級常規的經營心得與感想

就在這短短兩週的集中實習裡面，讓我們成長了不少，把學習的理論運用在班級經營中，也實際地了解到理論和實務是有所差異的，就像我們上面所提到的一些問題，剛開始我們也是覺得很徬徨無助，摸不著頭緒，幸運的是我們有很多的師長與同學可以提供我們寶貴的意見，和我們一起討論、切磋，讓彷彿身處在沙漠中的我們發現了那心中渴望已久的綠洲，又好像在海中沉浮良久，突然抓到一根浮木，讓我們有重獲新生的喜悅。

對於違規行為的處理，並不是每一位學生的處理方式都是一樣的，像有些學生吃軟不吃硬，有些要軟硬兼施，所以老師應該要花時間去了解每位學生的特質，才能因材施教，這果真印證了千古以來不變的真理。

　　從小我們所受的教育中，大部分老師都是以處罰的方式來對待學生，即使有讚美也是很少的，況且「讚美」只是針對學生的學習成果做為回饋，也只能激發學生被動的外在動機。現在，我們發現以「鼓勵」的方式來代替「讚美」，更能激發學生自動的內在學習動機，在實習期間我們也常常以「鼓勵」的方式來代替「讚美」以引領學生學習，發覺可以提高學生的學習意願，並增加學生的自信心，且也可以預防不良行為的發生。

　　在集中實習期間因為我們是四位實習老師負責一個班級，所以不論是教室布置、級務處理、教學方面，都可以四個人一起分擔，但還是會有力不從心的感覺，更何況在不久的將來真正執起教鞭時，極其可能要一個人獨挑大樑，除了要面對三、四十個學生，還要面對雙倍的家長，說不定還要身兼其他的行政工作呢。所以矛盾的是，老師工作的重點是在教學還是處理繁瑣的行政工作？今天的教育之所以會讓老師無法全心全意投入教學的工作，並且無法兼顧到班級上的每位學生的狀況，是否該歸因於學校無法提供給老師一個真正純粹的教學環境？

五、結語

在集中實習的兩個星期期間，雖然不算長也不算短，但我們還是學習到了許多實際的教學經驗，不會讓我們以後出去教學時會有徬徨無助的感覺。雖然實習那兩週，每天都要面對許多不同的狀況，有時候也會對學生感到灰心，但有時候換個角度想想，其實學生們也是有天真、活潑、可愛的一面，看到學生們對老師教學的反應，也是一種教學動力的來源，不然教學是一種「百年樹人」的工作，沒有教學的動力，在往後漫長的教學生涯中是無法維持下去的，況且能夠在學生學習的路上參與那麼一小段的時間，如果在這一段時間中能夠對學生往後的學習生涯有些許的助益，我們便會覺得很欣慰。

再來就是老師在專業技能與知識的補充上，除了要在上課前有充分的準備之外，授課之餘還是要有不斷追求新知的意願及付諸行動的能力，不要老是運用一成不變的教學方式及教學內容。所以說老師有很多種，但看你自己想當哪一種老師，你可以是一位尸位素餐的老師，或是一位充滿熱忱且不斷地、很用心地改善教學方法的老師，而你的選擇呢？但願是一種明智的抉擇。

(本文作者群係國立嘉義大學91級初四乙同一組集中實習畢業生)

附錄二～【四】

兩週集中實習之常規經營心得與感想【四】

・孫旻毅・

一、前言

　　集中實習是大學這四年來最重要的事之一，以前常常聽學長、姐提起過他們在集中實習所發生的一些事情，其中有遇到困難的，也有些有趣的經過。那時的我只是純粹以聽故事的心情去聽學長、姐訴說實習的經驗，從未認真地去思考應行考慮的問題。如今，輪到我來面對這一切了。

　　早在集中實習之前我們全班就已經到實習學校參觀過滿多次有關老師的教學，也見識到不同老師有不同的教學方式，也有其獨特的常規經營的方法。那時我就在想，輪到自己站在講台上時，是否也能像資深老師一樣，班級的常規良好，能吸引學生的目光上課，進而達到教學的效果。

　　終於集中實習的時間到了，預期教學能順暢，必須先把班級常規經營好。茲將兩週集中實習有關班級常規的經營情況及一些心得與感想，列述於下。

二、班級常規的訂定與教導

㈠實習班級既有之常規

剛到二年級的實習班級時，學生的秩序著實讓我震驚了不少，因為他們的班級常規是如此地良好，也顯示出班級導師平時的教導有方。下列係實習班級既有的常規：

1.升旗

聽到升旗鐘聲響起，要伴隨著老師的三聲哨音而行動。第一聲：起立；第二聲：將椅子靠攏；第三聲：全部學生都已到走廊排好。到了走廊可以聽到班長洪亮的聲音正在整隊著，完全不需老師在一旁督導。而不同於別班的，即當音樂響起，全班學生隨即原地踏步且向前走，是如此地有精神。

2.早餐

在實習學校中，有的小朋友有訂營養早餐──鮮奶。他們會在導師時間後的下課中將早餐用完，並將鮮奶的盒子用清水洗、折好，交給負責的同學以便資源回收。

3.上課

上課時可以看到小朋友都很踴躍發表，老師也會適時給予鼓勵及加分。老師那邊也有獎勵卡，準備送給上課認真的小朋友或是作業成績較佳的同學。

4.下課

下課時禁止在教室內嬉戲奔跑。

5.環境整潔

掃地時間每個人都有自己的清掃工作,將自己的打掃區域打掃乾淨。平時老師也會要求學生看到垃圾在地上時,要將它撿起來丟到垃圾筒裡。而在班上也在做資源回收的環保工作,看到每一位小朋友都能將垃圾分類而丟到適合的地方。

6.午餐

用餐前小朋友都要先去洗手,然後拿著自己的碗筷井然有序地排隊盛飯菜。

7.放學

放學鐘聲響,如同升旗一般,伴隨老師的三聲哨音,學生們已都到走廊上排好隊伍,等著放學。

雖然在班上沒有清楚地寫出「生活公約」的內容,但班上的小朋友都能遵守上述的七項班級規範,讓這個班級的常規一直保持良好。

(二)「乖寶寶,就是我」

「乖寶寶,就是我」是我們實習教師所運用的一種常規策略。首先我們先教導他們,當老師說:「乖寶寶」時,小朋友就要用食指指著自己說:「就是我」。先讓他們練習一、兩次,之後在上課時使用,都能達到預期的效果。

㈢分組競賽表

　　「分組競賽表」是我們實習教師所採用的獎勵紀錄表。班上學生共分成六排，我們依據他們的座位安排，用一張大海報製作一張分組競賽表，每一排為一小組，並在分組競賽表上製作一棵蘋果樹，而每一小排都以一隻小猴子代替。每當小組有好的表現時，他們的小猴子就會向上爬一格，到達頂端就可以得到一顆「蘋果」。我們先告知遊戲規則，到正式上課運用時，學生幾乎都能很快就了解了。

三、班級常規的執行與評鑑

　　我們所實習的班級，原本就有了常規，且對於班上既有的常規，小朋友都很習慣了。當然，有時候難免會做不好，我們大致上的原則是以「邏輯後果」代替「懲罰」，而做得好的我們也絕不吝於給予他們鼓勵，讓他們覺得有榮譽感。大部分的小朋友都有自尊心與榮譽感，以「邏輯後果」代替「懲罰」，且適時給予鼓勵，小朋友大都表現得很好。

　　教師在上課時，班級常規的好壞通常是影響教學效果的重要因素之一。在上課時，若發現小朋友的注意力不太集中，我們就會說：「乖寶寶」，聽到這句話小朋友都會回答：「就是我」，藉此也將小朋友的注意力拉回來。在進行討論活動時，當我們覺

得時間差不多了，亦會用「乖寶寶，就是我」策略，來停止學生的討論，以便讓各組派代表上台發表。甚至每當老師在忙著教學，而學生亦忙著講話時，我們也會使用這個策略，這時班上會立即安靜下來。

「乖寶寶，就是我」這個策略可以用在很多時機，讓小朋友的注意力更集中。其實這只是一種方式，也可以以其他方式來呈現，如舉手、拍手等。都可以使上課時的班級常規更加良好，使教學更加順暢。

以每一排為一小組，在上課時有時會有小組之間的競賽，表現良好的小組，小猴子都能在分組競賽表上向上爬一格。小朋友若看到其他組的小猴子往上爬了，他們就會努力得想要表現好。集中實習有兩週，我們每一週都會參考分組競賽表上小組的表現，而給予適當的鼓勵或獎賞。

四、班級常規的經營心得與感想

㈠耐心、愛心、包容心

身為一個教育工作者，尤其是一位國小老師，耐心、愛心與包容心是不可或缺的。對於教導小朋友一定要有耐心，當小朋友有什麼不懂的地方，必須不厭其煩地去教導他們。班級常規若有什麼做不好的地方也要耐心地導正他們。在面對小朋友犯錯必須

懷著愛心，而非厭惡或仇恨之心。當小朋友違反班級常規時也須常有包容的心，「人非聖賢，孰能無過」，更何況他們的年紀還這麼小。犯錯時多給他們一次機會，相信他們會做得更好的。

(二)德威並重

記得實習輔導老師曾經告訴我們一句話——「小朋友該管教時就要嚴格，該疼時也不要吝嗇」。所謂的嚴格並不是說一定要很生氣或是處罰之類，當小朋友有不對時，我們指正他，就要讓他知道我們是認真的，並非說笑而已，確實讓他們知道錯在哪裡並改正；而不是老師平常對你不錯，就不當成一回事。

相對的，每當小朋友有好的表現時，千萬不要吝於給予鼓勵，且多和小朋友建立良好的師生關係，這樣的老師所進行的常規經營，必能事半功倍。

(三)以「邏輯後果」代替「懲罰」

學生有違規時並不是一味地懲罰，而要讓學生知道他錯在哪裡，也要讓他自己承擔因此而產生的後果。例如：上學遲到五分鐘，我們就讓他晚五分鐘放學而不是叫去罰站，這樣他會更清楚自己所做的什麼事會有什麼樣的後果，以後就會盡量減少違規。

(四)培養榮譽感

每個人都有榮譽感，當小朋友看到其他人因行為的表現良

好，而獲得教師的讚賞及鼓勵時，相信每一位小朋友都會希望那一位小朋友就是自己。培養小朋友榮譽感不但能使小朋友自己本身的行為更加良好，藉由這樣的良性競爭，也會促進團體之間的合作以爭取榮譽。

㈤力求公平一致

不論是對於小朋友的獎賞或處罰都應力求公平一致。不能因為這一位小朋友平常表現較好，獎賞就多一點；更不能因為這個小朋友常調皮搗蛋的，今天表現良好也不給他鼓勵；也不能表現較好小朋友，在違規時就不用處罰；而不聽話的小朋友，在違規時，處罰就加重一點。在班級中賞罰應分明，也應公平，不然平時較不乖的小朋友，會心想反正乖一點老師也不會注意到，因而持續調皮搗蛋。老師的賞罰若沒有公平一致，小朋友看在眼裡，心理也不是滋味；結果，老師失去了威信，學生的違規行為也反覆地出現。

五、結語

經歷了兩週的集中實習，覺得自己學到了許多。不僅在教學上、常規經營上、與其他方面等，都有一些新的認識與體驗。尤其深深地覺得班級常規經營是一件非常重要的事情，因為它不但影響到教師教學的成效，也從中可看出一個班級的向心力及榮譽

感。

　　若能將班級常規經營確實地做好，那麼老師的教學將會事半功倍，而學生上課所能吸收到的知識也將得到最大的效果，對於一個班級的凝聚力、向心力及風氣，也將會大大的提升。所以教學的首要工作當是班級常規經營，能夠做好常規經營，老師的教學工作也會隨之順遂。

　　與二年級小朋友兩星期的相處，覺得他們真的是「天使與惡魔的化身」。有時他們會讓你哭笑不得，有時他們又善解人意。我想這與班級常規經營的技巧也有一些相關吧！因為我看到原來的班級導師在處理小朋友的違規行為時，仍游刃有餘，這些均為我該學習的地方。這兩週的集中實習，在心情上也有很大的轉變，從一開始與他們很陌生，有時也會不想上他們的課；之後與他們熟悉了，有時他們仍是會搗蛋，但大部分都很好；最後幾天，我開始倒數剩下的天數，不是我急著想走，而是我想珍惜剩下的日子。說真的，我竟不捨與他們分離，然而還是該離開了。我想經歷了兩週的集中實習，讓我體認到要成為一位傳道、授業、解惑的好老師並不容易，尤其是班級常規經營，這是一門很大的學問，仍有待我積極地去學習。

　　　　　　　　（本文作者係國立嘉義大學 91 級初四甲畢業生）

國家圖書館出版品預行編目資料

班級常規經營：常規與教學雙人行／盧富美著.--初版.--
臺北市：心理, 2002（民 91）
面；　公分.--（一般教育；44）
參考書目：面

ISBN 957-702-542-0（平裝）

1.教室管理　　　2.教學法

527　　　　　　　　　　　　91018619

一般教育 44　**班級常規經營：常規與教學雙人行**

作　　者：盧富美
執行編輯：陳文玲
總　編　輯：林敬堯
出　版　者：心理出版社股份有限公司
社　　址：台北市和平東路一段 180 號 7 樓
總　　機：(02) 23671490　傳　真：(02) 23671457
郵　　撥：19293172　心理出版社股份有限公司
電子信箱：psychoco@ms15.hinet.net
網　　址：www.psy.com.tw
駐美代表：Lisa Wu　tel: 973 546-5845　fax: 973 546-7651
登　記　證：局版北市業字第 1372 號
印　刷　者：東縉印刷有限公司
初版一刷：2002 年 11 月
初版三刷：2005 年 10 月

讀者意見回函卡

No. _____   填寫日期：　年　月　日

感謝您購買本公司出版品。為提升我們的服務品質，請惠填以下資料寄回本社【或傳真(02)2367-1457】提供我們出書、修訂及辦活動之參考。您將不定期收到本公司最新出版及活動訊息。謝謝您！

姓名：_____　性別：1□男　2□女

職業：1□教師 2□學生 3□上班族 4□家庭主婦5□自由業6□其他____

學歷：1□博士 2□碩士 3□大學 4□專科 5□高中 6□國中 7□國中以下

服務單位：_____　部門：_____　職稱：_____

服務地址：_____　電話：_____　傳真：_____

住家地址：_____　電話：_____　傳真：_____

電子郵件地址：_____

書名：_____

一、您認為本書的優點：（可複選）

　　❶□內容 ❷□文筆 ❸□校對 ❹□編排 ❺□封面 ❻□其他____

二、您認為本書需再加強的地方：（可複選）

　　❶□內容 ❷□文筆 ❸□校對 ❹□編排 ❺□封面 ❻□其他____

三、您購買本書的消息來源：（請單選）

　　❶□本公司 ❷□逛書局⇨_____書局 ❸□老師或親友介紹

　　❹□書展⇨____書展 ❺□心理心雜誌 ❻□書評 ❼其他_____

四、您希望我們舉辦何種活動：（可複選）

　　❶□作者演講 ❷□研習會 ❸□研討會 ❹□書展 ❺□其他____

五、您購買本書的原因：（可複選）

　　❶□對主題感興趣 ❷□上課教材⇨課程名稱_____

　　❸□舉辦活動　❹□其他_____　　　（請翻頁繼續）

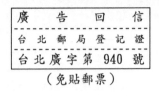

廣	告	回	信
台 北 郵 局 登 記 證			
台 北 廣 字 第 940 號			

（免貼郵票）

 心理出版社 股份有限公司

台北市 106 和平東路一段 180 號 7 樓

TEL: (02) 2367-1490
FAX: (02) 2367-1457
EMAIL:psychoco@ms15.hinet.net

沿線對折訂好後寄回

六、您希望我們多出版何種類型的書籍

❶□心理 ❷□輔導 ❸□教育 ❹□社工 ❺□測驗 ❻□其他

七、如果您是老師，是否有撰寫教科書的計劃：□有□無

　書名／課程：＿＿＿＿＿＿＿＿＿＿＿＿＿＿＿＿＿＿＿

八、您教授／修習的課程：

上學期：＿＿＿＿＿＿＿＿＿＿＿＿＿＿＿＿＿＿＿＿＿

下學期：＿＿＿＿＿＿＿＿＿＿＿＿＿＿＿＿＿＿＿＿＿

進修班：＿＿＿＿＿＿＿＿＿＿＿＿＿＿＿＿＿＿＿＿＿

暑　假：＿＿＿＿＿＿＿＿＿＿＿＿＿＿＿＿＿＿＿＿＿

寒　假：＿＿＿＿＿＿＿＿＿＿＿＿＿＿＿＿＿＿＿＿＿

學分班：＿＿＿＿＿＿＿＿＿＿＿＿＿＿＿＿＿＿＿＿＿

九、您的其他意見

＿＿＿＿＿＿＿＿＿＿＿＿＿＿＿＿＿＿＿＿＿＿＿＿＿＿＿

謝謝您的指教！　　　　　　　　　　　　　　41044